Nancy Chen

ALLESKÖNNER ZIMT

Bibliografische Information der Deutschen Nationalbibliothek
Die Deutsche Nationalbibliothek verzeichnet diese Publikation in der Deutschen Nationalbibliografie. Detaillierte bibliografische Daten sind im Internet über http://dnb.d-nb.de abrufbar.

Für Fragen und Anregungen
info@rivaverlag.de

Wichtige Hinweise
Dieses Buch ist für Lernzwecke gedacht. Es stellt keinen Ersatz für eine individuelle medizinische Beratung dar und sollte auch nicht als solcher benutzt werden. Wenn Sie medizinischen Rat einholen wollen, konsultieren Sie bitte einen qualifizierten Arzt. Der Verlag und die Autorin haften für keine nachteiligen Auswirkungen, die in einem direkten oder indirekten Zusammenhang mit den Informationen stehen, die in diesem Buch enthalten sind.

Ausschließlich zum Zweck der besseren Lesbarkeit wurde auf eine genderspezifische Schreibweise sowie eine Mehrfachbezeichnung verzichtet. Alle personenbezogenen Bezeichnungen sind somit geschlechtsneutral zu verstehen.

1. Auflage 2024

Türkenstraße 89
80799 München
Tel.: 089 651285-0
Fax: 089 652096

Die englischsprachige Originalausgabe erschien 2021 bei Familius PO Box 1249, Reedley California 93654, USA, vermittelt durch DropCap Inc. unter dem Titel *101 Amazing Uses for Cinnamon: Boost Your Memory, Fight the Common Cold, Improve Your Complexion, and 98 More!*

Übersetzung: Martin Rometsch
Redaktion: Inez Ulrich
Umschlaggestaltung: Manuela Amode
Umschlagabbildung: Shutterstock/BarbaraGoreckaPhotography; Trueffelpix; Alexander Ryabintsev; RaulAlmu; Abbildungen im Innenteil: Shutterstock/Kasya_2k; triutamis; Alexander Ryabintsev; RaulAlmu; Blank.k
Satz: Röser MEDIA GmbH & Co. KG, Karlsruhe
Druck: ScandBook, Litauen
Printed in the EU

ISBN Print 978-3-7423-2457-3
ISBN E-Book (PDF) 978-3-7453-2222-4
ISBN E-Book (EPUB, Mobi) 978-3-7453-2221-7

Nancy Chen

ALLESKÖNNER ZIMT

- Gesunder Gewürz-Allrounder in der Küche
- Effektives Hausmittel gegen Beschwerden
- Sanfte Naturkosmetik für den ganzen Körper

riva

Für meine Mama,
die Königin der chinesischen Hausmittel,
und für Kate, ohne die dieses Buch
nicht möglich gewesen wäre.

Inhalt

Einführung

Zimt – das Gewürz der Welt

Wenn es ein Gewürz gibt, das die meisten Leute im Küchenschrank haben, dann ist es der Zimt. Dieses duftende braune Gewürz wird überall auf der Welt in Rezepten und Arzneimitteln verwendet, zum Beispiel in südafrikanischen Rollkuchen, holländischen Keksen, karibischen Hähnchen und klassischen Zimtschnecken, in sudanesischem Tee und in der traditionellen chinesischen Medizin.

Seine Geschichte geht auf die alten Chinesen, Ägypter und Römer zurück, um nur einige wichtige Kulturen zu nennen, wo man ihn unter anderem als Arznei und zum Einbalsamieren benutzte. Später erkannten auch die westlichen Länder den Wert des Zimts und führten sogar Kriege, um die Herrschaft über den Gewürzhandel zu erlangen.

Heute können wir Zimt in jedem Lebensmittelgeschäft kaufen, ohne Kriege führen oder reisen zu müssen. In diesem Buch erfahren Sie, wie vielseitig Zimt ist. Es enthält internationale Rezepte mit Zimt als Hauptgewürz und zeigt Ihnen, wie Sie mit Zimt zahlreiche akute und chronische Beschwerden lindern, natürliche Schönheitsmittel zubereiten und alltägliche Probleme im Haushalt lösen.

Was ist Zimt?

Zimt wird aus der inneren Rinde des immergrünen Zimtbaumes *(Cinnamomum)* gewonnen, der zu den Lorbeergewächsen gehört. Im Handel finden Sie verschiedene Sorten dieses Gewürzes, vor allem Cassia-Zimt und Ceylon-Zimt. Beide sind nützlich und haben ein süßes, würziges Aroma; aber ihre Ernte, ihr Geschmack und ihre chemische Zusammensetzung sind ein wenig unterschiedlich.

Cassia-Zimt ist die häufigste Zimtsorte. Da er ein stärkeres Aroma als Ceylon-Zimt hat, brauchen Sie zum Kochen und Backen nur eine kleine Menge davon. Ceylon-Zimt, den viele Leute als »echten« Zimt bezeichnen, ist schwerer zu finden und teurer.[1] Sein delikates Aroma ist weniger würzig als das des Cassia-Zimts.

Alle Arten von Zimt verdanken ihren Geschmack dem Zimtaldehyd, einer organischen Verbindung im Zimtbaum, auf die viele nützliche Eigenschaften des Zimts zurückzuführen sind, zum Beispiel seine antibakterielle und pilztötende Wirkung.[2] Am stärksten konzentriert ist sie im ätherischen Öl: Das ätherische Zimtöl besteht zu 90 Prozent aus Zimtaldehyd.

Woher kommt Zimt?

Zimt wurde und wird seit mehr als vier Jahrtausenden von einigen der größten Kulturen der Welt verwendet und war einst wertvoller als Gold. Früher wurde er so sehr geschätzt, dass er als geeignetes Geschenk für Herrscher galt. In der alten Zeit gab es vier wichtige Zimtproduzenten: Sri Lanka (von dort stammt der Ceylon-Zimt), Äthiopien, Indien und China. Von dort aus wurde das Gewürz auf der ganzen Welt verteilt.

Die alten Ägypter nutzten den Zimt, um ihre Toten einzubalsamieren, wahrscheinlich wegen seiner antibakteriellen Wirkung. Der Bibel zufolge wurde Zimt für das Salböl und für andere religiöse Zeremonien verwendet. Kaiser Nero im alten Rom soll bei der Beerdigung seiner Frau im Jahr 65 v. Chr. einen ganzen Jahresvorrat Zimt verbrannt haben.

Ende des 15. Jahrhunderts entdeckten die Portugiesen Sri Lanka und gründeten dort ein Zimtmonopol. Sie bauten sogar eine Festung, um ihr Zimtlager zu schützen. Damals kauften venezianische Händler den Zimt auf, den Araber aus Asien nach Europa brachten. Als die Nachfrage zu steigen begann, suchten die Holländer nach neuen Möglichkeiten, vom Zimthandel zu profitieren, so wie die anderen Europäer.

Während des 17. Jahrhunderts gelang es den Holländern, dank eines Bündnisses mit der Stadt Kandy im Zentrum von Sri Lanka den blühenden Zimthandel zu beherrschen. Sie behielten ihn eisern im Griff und die niederländische Ostindien-Kompanie exportierte Zimt nach Europa. Damals war der Zimt das Gewürz, mit dem die Kompanie die größten Gewinne machte.

Als die Briten im Jahr 1796 die Niederländer verdrängten,[3] verlor das Zimtmonopol rasch an Bedeutung. Zimt wurde inzwischen in neuen Gebieten angebaut und der Preis sank stark. Heute ist der Zimt ein alltägliches und sehr beliebtes Gewürz.

Zimt kaufen und aufbewahren

Zimt ist in verschiedenen Formen erhältlich: als Rinde, Pulver, Stangen und ätherisches Öl. Zimtrinde ist am schwersten zu finden; man bekommt sie nur bei einigen spezialisierten Onlinehändlern und in kleinen Gewürzläden. Die Rinde ist am wenigsten verarbeitet. Sie wird entweder gemahlen, um Zimtpulver zu gewinnen, oder zu Zimtstangen eingerollt. Da die Rinde schwierig zu verwenden ist, sind die anderen Zimtformen eher zu empfehlen.

Gemahlenen Zimt und Zimtstangen finden Sie in Lebensmittelgeschäften. Wie die meisten Gewürze können Sie gemahlenen Zimt und Zimtstangen ziemlich lange im Küchenschrank aufbewahren. Zimtpulver bleibt etwa sechs Monate lang frisch (danach verliert es zwar seine Wirkung, aber es wird nicht unbrauchbar). Zimtstangen können Sie länger lagern (ungefähr zwei Jahre lang). Beide Zimtformen sollten Sie in einem verschlossenen Glasgefäß aufbewahren und vor Licht und Wärme schützen.

Ätherisches Zimtöl ist in einigen Lebensmittelgeschäften, in vielen Reformhäusern und im Internet erhältlich. Dieses Öl wird aus ganzen Pflanzen destilliert und ist das wirksamste Zimtprodukt. Ein oder zwei Tropfen können in Schönheitsprodukten und im Haushalt viel bewirken.

Zimt richtig verwenden

Gemahlenen Zimt können Sie auf Gerichte streuen und in Reinigungsmittel und selbst gemachte Schönheitsprodukte mischen. Aber Vorsicht: Kleine Mengen genügen!

Mit Zimtstangen können Sie Glühwein zubereiten. Sie machen ihn süßer und aromatischer. Da die Stangen nicht zerbrochen werden, ist ihr Geschmack jedoch weniger intensiv.

Wenn Sie ätherische Öle mögen, sollten Sie ein Trägeröl verwenden, um das Öl zu verdünnen. Ätherisches Zimtöl und sogar Zimt selbst sind in vielen Lotionen, Duftstoffen und anderen beliebten Kosmetika enthalten.

Zimt gibt es auch in Kapseln zu kaufen. Diese sind höher dosiert und werden als natürliche Gesundheitsmittel angepriesen, die das Immunsystem stärken, dem Körper starke Antioxidantien liefern und die Gehirnfunktion und das Gedächtnis unterstützen. Man kann sie im Internet und in Bioläden kaufen. Halten Sie sich an die Dosierung, die auf dem Etikett empfohlen wird, und fragen Sie Ihren Arzt, wenn Ihnen etwas unklar ist.

Wie viel Zimt ist optimal?

Wie viel Zimt wir essen sollten, hängt vom Alter und von der Körpergröße ab. Zudem reagieren manche Menschen empfindlicher auf Zimt als andere. Das liegt daran, dass Cassia-Zimt viel Cumarin enthält, das bei manchen Menschen in hohen Dosen zu Leberproblemen führt. Erwachsenen werden meist ein bis vier Gramm Zimt am Tag empfohlen; das sind 0,4 bis 1,5 Teelöffel. Beim ätherischen Zimtöl beträgt die tägliche Dosis 0,05 bis 0,22 Milliliter.[4]

Babys unter sechs Monaten sollten keinen Zimt verzehren. Danach können Sie eine kleine Menge Zimt aufs Essen streuen, um den Geschmack zu verbessern.

Ist Zimt ungefährlich?

Zimt gilt als unbedenklicher Nahrungszusatz. Dennoch sollten Sie dieses Gewürz in Maßen verwenden. Zu viel Zimt kann den Blutzuckerspiegel gefährlich stark senken und Schwindel und Müdigkeit auslösen. Wenn Sie zu viel Zimt auf einmal inhalieren, können Atembeschwerden und sogar Erstickungsanfälle die Folge sein. Auch für Schwangere ist Zimt in kleinen Mengen ungefährlich; aber höhere Dosen sollten sie meiden. Fragen Sie wie immer Ihren Arzt, bevor Sie Zimt konsumieren.

Auch auf der Haut sollten Sie mit Zimt sparsam umgehen. Zu viel Zimt kann die Haut reizen oder ein Brennen hervorrufen. Testen Sie ein Produkt, das Zimt enthält, zunächst auf einer kleinen Hautpartie am Arm, bevor Sie es auf einer größeren Fläche – vor allem in Gesicht – anwenden.

Wissenschaftler und Ärzte sind unterschiedlicher Meinung, was Zimt in Kapseln anbelangt, weil niemand weiß, ob die darin enthaltene Dosis eine vorteilhafte Wirkung hat.

1 Zimt in der Küche

Zimt für mehr Kaffeegenuss

Wenn Sie auf Zucker im Kaffee verzichten wollen, kann eine Prise Zimt sehr hilfreich sein. Zimt sorgt für natürliche Süße und kann Süßstoffe teilweise oder ganz ersetzen. (Auf diese Weise verringern Sie auch die Kalorienmenge im täglichen Kaffee, wenn Sie abnehmen wollen.)

Aber der Zimt im Kaffee kann auch die Gesundheit fördern. Er verbessert nachweislich das Gedächtnis, enthält Antioxidantien und hilft, den Cholesterinspiegel zu senken.[5] Wenn Sie regelmäßig Kaffee mit einer Prise Zimt trinken, können Sie auf einfache Weise alle diese Vorteile genießen.

Es gibt mehrere Möglichkeiten, Kaffee mit Zimt zu würzen. Am einfachsten ist es, ihn auf den Kaffee, Caffè Latte oder Cappuccino zu streuen. Wenn Sie Ihren Kaffee selbst kochen, können Sie Zimt schon bei der Zubereitung verwenden: Messen Sie die Hälfte des gemahlenen Kaffees ab, geben Sie ein wenig Zimt dazu (eine Prise sollte reichen) und schütten Sie das restliche Kaffeepulver darauf. Das gilt für handgebrühten Kaffee, Filterkaffee und Kaffee aus der French Press.

Wenn Sie besonders raffiniert sein wollen, können Sie Zimtsirup zubereiten. Er enthält weniger Süßstoff als viele Kaffeesirups aus dem Geschäft und Sie können damit Ihren Kaffee nach Belieben süßen – nicht zu stark und nicht zu schwach.

Mit Zimt, etwas hochwertigem Fett und aufgebrühtem Kaffee lässt sich auch ein Keto-Kaffee zubereiten. Diesen »Bulletproof-Coffee« machte der Bulletproof-Gründer Dave Asprey populär, der sich vom Yakbutter-Tee inspirieren ließ, den man ihm auf seiner Reise durch den Himalaja anbot.[6] Dieser Kaffee ist dazu bestimmt, das Frühstück zu ersetzen, weil er sowohl nährstoff- als auch kalorienreich ist. Da er viel Fett, aber wenig Kohlenhydrate enthält, eignet er sich für Anhänger der Keto- und der Low-Carb-Diät.

Zimtsirup für den Kaffee

- 250 ml Wasser
- 180 g brauner Zucker (lockere Konsistenz)
- 1 TL Zimt

1. Alle Zutaten in einem Topf mischen.
2. Bei mittlerer Temperatur erhitzen, dabei leicht umrühren, bis der Zucker sich aufgelöst hat. Wenn die Mischung zu kochen beginnt, die Hitze verringern und den Kaffee köcheln lassen.
3. Sobald der Zucker sich vollständig aufgelöst hat, den Topf vom Herd nehmen und die Mischung abkühlen lassen.
4. In einem Glasgefäß aufbewahren und nach Belieben in den Kaffee geben.

Keto-Kaffee

- 250 ml heißer Kaffee
- 1 EL Kokosöl oder MCT-Öl
- 1 EL Ghee oder Butter (auch Kakaobutter und vegane Butter sind geeignet)
- 1 EL Kokosnusscreme
- 1 TL Zimt
- 1 Messlöffel Kollagenpulver (optional)

1. Alle Zutaten in einen Mixer geben.
2. Mit hoher Drehzahl mixen, bis die Mischung sämig ist.
3. In eine Tasse gießen und genießen.

Brotaufstriche

Die Menschen bereiten seit Jahrhunderten Butter zu. Dieser beliebte Aufstrich diente verschiedenen Zwecken. Im alten Rom galt er als Arznei (gegen Husten), in Indien wurde er dem Gott Krischna geopfert und zu biblischen Zeiten bot man Engeln Speisen an, zu denen auch Butter gehörte.[7]

Es ist einfach, Butter herzustellen, denn sie ist nichts weiter als lang geschlagene Sahne. Einerlei, ob Sie eine Buttermaschine benutzen wie Laura Ingalls Wilder oder ob Sie wie die Syrer eine mit Sahne gefüllte Ziegenhaut schütteln – wenn Sie Sahne intensiv durchschütteln, geschieht etwas Wundervolles.

Heutzutage können wir Butter in fast jedem Lebensmittelgeschäft oder auf einem Bauernmarkt kaufen. Wir verwenden sie zum Backen und Kochen, streichen sie auf eine Scheibe Brot oder lassen sie auf einem Pfannkuchen zergehen. Und wenn Sie jemals in einem richtig schicken Restaurant waren, haben Sie vielleicht bemerkt, dass die Butter dort anders schmeckt. Manchmal wird sie mit Kräutern gewürzt, manchmal luftig aufgeschlagen.

Zimt kann jeden gewöhnlichen Aufstrich aufpeppen, sowohl Butter als auch Nussbutter. Die folgenden zwei Rezepte schmecken auf jeder süßen Gaumenfreude, zum Beispiel auf frisch gebackenem Brot, auf Waffeln und auf Pfannkuchen.

Zimtbutter

- 100 g Butter oder vegane Butter mit Zimmertemperatur
- 100 g Honig
- 2 TL Zimt
- 1 Prise Salz (entfällt, wenn Sie gesalzene Butter verwenden)

1. Alle Zutaten in einer mittelgroßen Schüssel vermengen.
2. So lange rühren, bis die Mischung sämig ist. Wenn gewünscht, mehr Zimt und Honig dazugeben.
3. In einem Glasgefäß aufbewahren und mit Brot, Gebäck usw. servieren.

Frisch gemahlene Snickerdoodle-Nussbutter

- 130 g Mandeln
- 130 g Cashews
- 65 g Macadamianüsse
- Meersalz, nach Geschmack
- Zimt, nach Geschmack
- Honig, nach Geschmack (optional; bei einer Low-Sugar-Ernährungsweise einfach weglassen)

1. Alle Nüsse in der Küchenmaschine oder im Hochdruckmixer zerkleinern.

2. So lange zerkleinern, bis sich eine cremige Masse bildet. Eventuell hin und wieder mit dem Löffel umrühren, damit die Masse nicht an den Schneidemessern kleben bleibt.
3. Langsam Salz, Zimt und Honig hinzufügen. Weiter mixen, bis alles gut vermengt ist.
4. In einem luftdichten Gefäß aufbewahren und nach Belieben verwenden.

Zimt zum Konservieren

Vor der Erfindung des modernen Kühlschranks nutzten die Menschen verschiedene Methoden, um Nahrungsmittel zu konservieren: Das Konservieren in Dosen erfand Nicolus Appert im Jahr 1809. Er war ein französischer Wissenschaftler, der Lebensmittel in Glasgefäßen aufbewahrte, die er dann durch Erhitzen sterilisierte.[8] Im Jahr 2000 wurden chemische Konservierungsmittel eingeführt. Aber auch einfache Methoden wie das Einlegen in Essig helfen, Nahrungsmittel länger haltbar zu machen.

Als die Zahl der chemischen Zusatzstoffe in den Konserven immer weiter zunahm, begannen die Menschen nach Alternativen zu suchen. Eine von ihnen ist Zimt. Studien lassen darauf schließen, dass ätherisches Zimtöl Bakterien und andere Mikroben daran hindert, Nahrungsmittel zu verderben. Er kann Bakterien sogar als Verpackungsbestandteil in Schach halten.[9]

Wenn Sie zu Hause konservieren (zum Beispiel Marmelade), können Sie Zimt als Zutat verwenden, damit die Konserven länger halten.

Leckere Getränke

Wenn Sie Zimt in Ihre Getränke streuen, können Sie auf einfache Weise von seinen Vorzügen profitieren. Gewöhnliche Getränke – zum Beispiel selbst gemachte Nussmilch – schmecken dann ein wenig spezieller. Es gibt mehrere Möglichkeiten, Getränke mit Zimt zu verfeinern:

Heiße Schokolade, ein mexikanisches Superfood: In Mexiko wurde diese Spezialität schon 500 v. Chr. getrunken.[10] Im Jahr 1500 v. Chr. brachte Cortez sie von Mexiko nach Spanien mit, wo man daraufhin Vanille durch Zimt und Zucker ersetzte, sodass sie der heißen Schokolade ähnelte, die wir heute kennen und lieben.[11]

Zimt-Chai, der besser schmeckt als im Café: Chai-Tee oder *masala chai* (»gewürzter Tee«) gibt es seit Tausenden von Jahren. Ursprünglich war er ein indisches ayurvedisches Getränk (mehr zum Ayurveda später) und enthielt anfangs keinen Schwarztee. Nach der Ankunft der Briten, die in Indien Teeplantagen anlegten, wurde diesem Chai immer häufiger Schwarztee beigemischt.[12] Die einzigartige Mischung aus duftenden Gewürzen (mit Zimt als wichtiger Zutat) und Tee ist heute noch ein beliebtes Getränk in Cafés und Teestuben.

Zimtmilch für tiefen, erholsamen Schlaf: Warme Milch vor dem Zubettgehen ist ein uraltes Schlafmittel. Mit etwas Zimt darin hilft sie noch besser, weil sie auch Krämpfe lindern kann. Honig als weitere Zutat versorgt die Leber mit Glykogen und erleichtert das Durchschlafen. Dieses Getränk enthält natürlichen Zucker, der den Insulinspiegel leicht anhebt und es der Aminosäure Tryptophan ermöglicht, ins Gehirn zu gelangen. Dort setzt diese eine Kettenreaktion in Gang, die das Einschlafen fördert. Dank dieser hochwirksamen Mischung werden Sie schlafen wie ein Baby!

Selbst gemachte Zimt-Mandelmilch: Nussmilch wird oft mit Gellan-Gummi und Füllstoffen hergestellt, die sie stabilisieren und haltbarer machen. Aber nichts ist mit frisch zubereiteter Nussmilch vergleichbar: Sie ist gehaltvoll und sahnig und schmeckt echt. Eine Prise Zimt verleiht ihr ein besonderes Aroma, das Sie bei den meisten gekauften Getränken nicht finden werden.

Mexikanische Heiße Schokolade

- 500 ml Milch Ihrer Wahl (ich empfehle Kokos- oder Macadamia-Drink)
- 2 EL Kakaopulver
- 2 Stückchen dunkle Schokolade (100 %), gehackt
- 1 EL Honig oder Ahornsirup
- 1 TL Zimt
- 1 TL Cayennepfeffer
- 1 TL Vanilleextrakt
- Bonus für Erwachsene: 20 ml Mezcal, damit die Schokolade prickelnd und superscharf wird!

1. Alle Zutaten außer dem Vanilleextrakt und dem Süßmittel (und dem Mezcal) bei mittlerer Temperatur in einer kleinen Pfanne erhitzen, bis die Mischung zu kochen beginnt.
2. Den Topf vom Herd nehmen und Vanilleextrakt und Süßmittel dazugeben. (Jetzt auch den Mezcal untermischen, wenn Sie eine Schokolade mit Schuss zubereiten wollen.)
3. Gründlich vermengen, bis die gehackten Schokoladenstücke geschmolzen sind.
4. In einen Becher gießen und genießen.

Zimt-Chai

- 480 ml Wasser
- 480 ml Nussdrink (ich empfehle Cashew- oder Macadamia-Drink)
- 5–7 grüne Kardamomkapseln
- 3–4 ganze Gewürznelken
- 5–7 ganze Pfefferkörner
- 3 Beutel Schwarztee (oder 2 EL loser Schwarztee)
- 1 EL geriebener Ingwer
- 1 EL Ahornsirup, brauner Zucker oder ein anderes Süßmittel (optional)
- 1 TL gemahlene Muskatnuss
- 1 ganze Zimtstange
- 1 ganzer Sternanis

1. Die ganzen Gewürze mit Mörser und Stößel in kleinere Stücke zerdrücken. Ein anderer schwerer Gegenstand – zum Beispiel eine Pfanne – auf einem Schneidebrett ist ebenfalls geeignet.
2. Gewürze, Ingwer und Wasser in einen Topf geben. Bei mittlerer Temperatur erhitzen, bis das Wasser kocht.
3. Hitze verringern und 15 Minuten köcheln lassen.
4. Schwarztee dazugeben. Weitere fünf Minuten köcheln lassen.
5. Milch hineingießen. Verrühren und weitere drei Minuten köcheln lassen.
6. Herd ausschalten und die Mischung mindestens zehn Minuten ziehen lassen.
7. Süßmittel (wenn gewünscht) dazugeben und einrühren.
8. Vor dem Servieren abseihen.

Schlummertrunk mit Zimt

- 350 ml Milch Ihrer Wahl
- 1 EL Honig
- 1 TL Zimt

1. Die Milch in einem kleinen Topf erhitzen, bis sie beinahe kocht.
2. Zimt und Honig dazugeben und gut verrühren.
3. In einen Becher gießen und genießen, am besten vor dem Schlafengehen.

Anmerkung: Für Babys unter sechs Monaten ist Zimt nicht zu empfehlen. Kleinkinder unter einem Jahr sollten keinen Honig essen.

Selbst gemachte Zimt-Mandelmilch

- 500 ml destilliertes Wasser (plus mehr Wasser zum Einweichen)
- 140 g rohe Mandeln (bio)
- 2 Datteln ohne Kerne
- 1 TL gemahlener Zimt
- 1 TL Vanilleextrakt
- Ahornsirup nach Belieben

1. Die Mandeln in einer großen Schüssel mit dem zusätzlichen destillierten Wasser einweichen.
2. Wasser abgießen und Mandeln spülen.
3. Alle Zutaten in einen Mixer schütten.
4. Mit hoher Drehzahl mixen, bis die Milch cremig aussieht.
5. Abschmecken. Wenn gewünscht, mehr Zimt, Vanille und/oder Ahornsirup dazugeben.
6. Die Mischung in einen Nussmilchbeutel gießen und in eine große Schüssel drücken. Das müssen Sie vielleicht mehrere

Male machen, deshalb wäre hier ein Helfer nützlich. Wenn Sie keinen Nussmilchbeutel haben, können Sie ein feines Sieb mit einem Seihtuch bedecken und die Nussmilch in das Sieb gießen, um grobe Teile zu entfernen. Drücken Sie das Seihtuch mehrere Male aus, damit die Milch vollständig herausfließt.
7. In einem sauberen Glasgefäß bis zu einer Woche lang aufbewahren und genießen.

Ayurveda-Rezepte

Ayurveda ist ein uraltes, ganzheitliches Heilverfahren, das vor mehr als 5000 Jahren in Indien entstand. Im Sanskrit bedeutet Ayurveda »Wissenschaft vom Leben«. Dieses System gilt allgemein als »Mutter der Heilkunst«.[13]

Auch heute richten sich Naturheilkundler, ganzheitlich orientierte Mediziner und viele andere Menschen nach ayurvedischen Prinzipien. Im Ayurveda gibt es drei Arten von Energie: *vata* (Bewegungen und den Elementen Raum und Luft zugeordnet), *pitta* (dem Stoffwechsel sowie den Elementen Feuer und Wasser zugeordnet) und *kapha* (der Struktur des Körpers, unter anderem den Knochen und Muskeln, sowie den Elementen Erde und Wasser zugeordnet). Auch Menschen werden entsprechend ihrer Eigenschaften in drei Energiegruppen oder *doshas* eingeteilt.

Der Ayurveda befasst sich vor allem mit dem Energiegleichgewicht. Wenn Sie Ihren Energietyp kennen, wissen Sie, wie Sie sich ernähren müssen, damit der Körper im Gleichgewicht bleibt. Bestimmte Kräuter und Gewürze, zum Beispiel Ingwer, Zimt und Kurkuma, helfen dank ihrer wärmenden oder kühlenden Wirkung dabei, dieses Gleichgewicht zu bewahren. Zimt trägt dazu bei, das Feuer des Stoffwechsels in Gang zu halten, weil er Hitze erzeugt.[14]

Wir können Zimt auf verschiedene Weise nutzen. Eines der beliebtesten ayurvedischen Nahrungsmittel ist Goldene Milch, die man mit einer Paste herstellen kann. Sie basiert auf einem traditionellen ayurvedischen Rezept, das sowohl den Körper als auch den Geist stärkt.[15]

Paste für Goldene Milch

- 250 ml Wasser
- 60 g Kurkumapulver
- 3 EL Kokosöl
- 1 EL Zimtpulver
- 1 TL frisch gemahlener Ingwer
- 1 TL schwarzer Pfeffer
- 1 TL Kardamom oder Muskat (optional)

1. Alle Zutaten außer dem Kokosöl in einem kleinen Topf vermengen.
2. Köcheln lassen, bis die Zutaten eindicken und zu einer Paste werden.
3. Vom Herd nehmen und fünf Minuten abkühlen lassen.
4. Das Kokosöl einrühren, bis es vollständig mit der Paste vermengt ist.
5. In ein sauberes Gefäß gießen und bis zu drei Wochen lang im Kühlschrank aufbewahren. Mit dieser Paste können Sie Goldene Milch zubereiten (geben Sie einen Teelöffel der Paste in Nussdrink), Curry oder ein Dessert verfeinern oder eine kleine Menge ins Hundefutter mischen, um Ihrem Liebling etwas Gutes zu tun.

Cocktails mit einer besonderen Note

Das Wort *Cocktail* prägte eine britische Zeitung im Jahr 1798, aber es wurde erst 1806 richtig bekannt, als *The Balance and Columbian Repository* in New York den Cocktail als »anregenden Drink aus Zucker irgendwelcher Art, Wasser und Bitterstoffen, vulgär Bitterfusel genannt« bezeichnete.[16]

Heute werden Cocktails häufig in Kneipen, in Restaurants und sogar auf Dinnerpartys zu Hause getrunken. Manche sind einfache, andere ausgeklügelte Mixturen. Es kann einen schon etwas einschüchtern, wenn man einem Barkeeper beim Cocktail-Mixen zusieht (das geht unglaublich schnell), aber im Grunde ist es ziemlich einfach, diese Getränke zu Hause zuzubereiten.

Zimtgeschmack bringen Sie am besten in einen Cocktail, indem Sie ihn mit einer Zimtstange umrühren, idealerweise in einem Drink, der bereits ein wenig Zimt enthält, oder in einem Cocktail mit Whisky. Raffinierteren Drinks verleiht Zimt ebenfalls ein besonderes Aroma, vor allem Glühwein und anderen warmen Getränken im Winter.

Winterliche Sangria

- 1 Flasche Cabernet Sauvignon oder ein anderer trockener Rotwein
- 240 ml Mineralwasser mit Kohlensäure
- 120 g tiefgefrorene Cranberrys
- 60 g Granatapfelkerne
- 60 ml Grand Marnier
- 60 ml Brandy
- 60 ml Cranberrysaft
- 2 EL Agavendicksaft oder Honig

- 2 Zimtstangen und weitere zum Garnieren
- 1 Orange, halbiert und in Scheiben geschnitten
- 1 Limette, in Scheiben geschnitten
- 1 Birne, in Scheiben geschnitten
- 1 Granny-Smith-Apfel, in Scheiben geschnitten
- Rosmarin zum Garnieren

1. Alle Zutaten außer dem Mineralwasser und dem Rosmarin in einem großen Krug vermengen.
2. Gründlich verrühren.
3. Mindestens zwei Stunden zugedeckt in den Kühlschrank stellen.
4. Das Mineralwasser kurz vor dem Servieren hineingießen.
5. Eiswürfel obenauf legen oder kühl servieren. Mit Rosmarinzweigen und weiteren Zimtstangen garnieren.

Ananas-Margaritas mit Zimt-Zucker-Rand

Für die Margarita:

- 500 ml Ananassaft
- 250 ml Tequila
- 250 ml Triple Sec oder ein anderer Orangenlikör
- 125 ml Limettensaft

Für den Rand:

- 2 EL feiner Zucker
- 1 TL Zimt
- ½ TL Muskat
- 1 Prise Salz
- 1 Limette, in Scheiben geschnitten

Für die Garnierung:

- frische Ananas
- Zimtstangen

1. Alle Margarita-Zutaten in einem großen Krug gründlich vermengen.
2. Zucker, Zimt, Muskat und Salz auf einem kleinen Teller vermischen.
3. Die Ränder von vier Gläsern mit der Limette einreiben. Dann die Ränder in die Zimt-Zucker-Mischung tunken, bis sie gut damit überzogen sind.
4. Eis in die Tassen geben und die Margarita darauf gießen. Wenn gewünscht, mit Ananas und Zimtstangen garnieren und genießen.

Glühwein mit Apfel und Zimt

- 1 Flasche trockener Rotwein
- 250 ml Apfelsaft
- 125 ml Brandy
- 4 EL Honig oder Ahornsirup (oder ein anderes Süßmittel nach Belieben) zum Abschmecken
- 8 ganze Gewürznelken
- 5 dünne, frische Ingwerscheiben
- 2 Zimtstangen und weitere zum Garnieren
- 2 ganze Sternanise und weitere zum Garnieren
- 1 Orange, in Scheiben geschnitten, und eine weitere zum Garnieren

1. Alle Zutaten außer den Zimtstangen und dem Sternanis in einem großen Topf vermengen.
2. Bei mittlerer Temperatur erhitzen, bis der Glühwein zu köcheln beginnt.

3. Den Topf zudecken und den Wein 30 bis 60 Minuten bei schwacher Hitze köcheln lassen.
4. Den Wein mit einem feinen Sieb in eine große Schüssel abseihen.
5. Mehr Süßmittel dazugeben, wenn gewünscht.
6. Mit Zimtstangen, Orangenscheiben und Sternanis garnieren und in Krügen servieren.

Eine besondere Gewürzmischung

Gewürze haben schon die Jäger und Sammler verwendet, vor allem als Konservierungsmittel und wegen ihrer medizinischen Wirkungen.[17] Sie wurden rasch wertvoll und bereits im 13. Jahrhundert gehandelt. Damals waren sie so begehrt wie Gold.[18] Europäische Großmächte beauftragten Entdecker, über das Meer zu Ländern wie Indien zu segeln und Routen für den Gewürzhandel auszukundschaften. So begann der Kampf der westlichen Länder um einen Anteil am Gewürzhandel im Osten. Dadurch wurde zugleich die Globalisierung beschleunigt.[19]

Heute können Sie Gewürze in jedem Lebensmittelgeschäft kaufen. Spezielle Gewürzmischungen sind hingegen schwerer zu finden. Sie wurden im Laufe der Zeit in verschiedenen Ländern entwickelt, um Gerichten einen einzigartigen Geschmack zu verleihen.

Chinesisches Fünfgewürz: Chinesische Köche verwenden meist alle Gewürze in diesem Pulver, um Fleisch zu schmoren. Wenn Sie dieses Chinesische Fünfgewürz im Voraus zubereiten, sparen Sie Zeit. Es ist die Grundlage beliebter chinesischer Rezepte, zum Beispiel des Fünfgewürz-Huhns, des Char-Siu-Schweinefleisches und der Pekingente.

Garam-Masala-Würzmischung: Diese Mischung aus scharfen Gewürzen wird für viele indische Gerichte verwendet. Die Gewürze sorgen für einen süßen, pikanten Geschmack, der gut zu Curry, Reis, Gemüse, Fleisch und bekannten Klassikern wie Chicken Tikka Masala passt.

Jamaikanisches Jerk-Gewürz: Der Begriff »Jerk« in diesem Sinne entstand in Jamaika und bezieht sich auf eine spezifische Kochmethode und das Würzen von Fleisch, Gemüse oder Obst. Jerk-Chicken ist eines der bekanntesten jamaikanischen Gerichte, die Eingang in die amerikanische Küche gefunden haben. Diese Würzmischung hilft Ihnen, jamaikanischen Gerichten das berühmte »Jerk«-Aroma zu verleihen. Tipp: Das *Food and Wine Magazine* empfiehlt einen Esslöffel Chinesisches Fünfgewürz als geheime Zutat zum jamaikanischen Jerk-Chicken, um den Geschmack aufzupeppen.

Pumpkin-Spice-Mischung: Der Herbst ist vor allem in den USA mittlerweile zum Synonym für Pumpkin Spice geworden. Das beliebte Aroma und der Duft begegnen einem überall, im äußerst populären Pumpkin Spice Latte, in Pumpkin-Spice-Duftkerzen und sogar in Pumpkin-Spice-Hummus. Der Schlüssel zu alldem ist eine einfache Gewürzmischung. Hier kommt die Pumpkin-Spice-Mischung ins Spiel. Sie können damit jedem Rezept ein festliches Flair verleihen – ob süß oder pikant.

Apfelkuchengewürz: Wenn Sie Apfelkuchen mögen, aber keinen Apfelkuchen backen wollen, ist diese Mischung die Lösung! Sie ist vom Geschmack des frisch gebackenen Apfelkuchens inspiriert und verbindet wichtige Gewürze so miteinander, dass alles nach Apfelkuchen schmeckt. Haferflocken und Apfelmus werden besonders lecker, wenn Sie dieses Gewürz darauf streuen.

Alle Gewürze können Sie in einem Glasgefäß aufbewahren, vor Wärme und Licht geschützt.

Chinesisches Fünfgewürz

- 6 ganze Sternanise
- 2 EL Fenchelsamen
- 2 TL Szechuan-Pfefferkörner
- 1 ½ ganze Gewürznelken
- 1 Zimtstange

Alle Gewürze zusammen in einer Gewürzmühle mahlen.

Curry-Pulver

- 2 EL Koriander
- 2 EL Kreuzkümmel
- 1 ½ EL Kurkumapulver
- 2 TL gemahlener Ingwer
- 1 TL Senfpulver
- 1 TL Zimtpulver
- 1 TL Cayennepfeffer
- ½ TL gemahlener schwarzer Pfeffer

Alle Zutaten vermengen und nach Bedarf verwenden.

Garam-Masala-Gewürz

- 1 EL gemahlener Kreuzkümmel
- 1 ½ TL gemahlener Kardamom
- 1 ½ TL gemahlener schwarzer Pfeffer
- 1 ½ TL gemahlener Koriander
- 1 TL gemahlener Zimt
- 1 TL rote Chiliflocken
- ½ TL gemahlene Gewürznelken
- ½ TL gemahlene Muskatnuss

Alle Zutaten vermengen und nach Bedarf verwenden.

Jamaikanisches Jerk-Gewürz

- 1 EL Zwiebelpulver
- 1 EL Knoblauchpulver
- 1 EL brauner Zucker oder Koskosnusszucker
- 1 EL getrocknete Petersilie
- 2 TL gemahlener Ingwer
- 2 TL Cayennepfeffer
- 2 TL geräuchertes Paprikapulver
- 2 TL Salz
- 1 TL Piment
- 1 TL getrockneter Thymian
- 1 TL schwarzer Pfeffer
- ½ TL rote Chiliflocken
- ½ TL Kreuzkümmel
- ½ TL Muskat
- ½ TL Zimt

Alle Zutaten vermengen und nach Bedarf verwenden.

Pumpkin-Spice-Mischung

- 4 TL gemahlener Zimt
- 2 TL gemahlener Ingwer
- 1 TL gemahlene Gewürznelken
- ½ TL gemahlener Muskat
- ½ TL Piment

Alle Zutaten vermengen und nach Bedarf verwenden.

Apfelkuchengewürz

- 1 EL gemahlener Zimt
- 1 TL gemahlener Muskat
- 1 TL Piment

Alle Zutaten vermengen und nach Bedarf verwenden.

Backen mit Pfiff

Gebackenes schmeckt köstlich, aber Zucker und andere Kohlenhydrate erhöhen leider den Blutzuckerspiegel. Das führt zum berühmten Brain Fog, gefolgt von Blutzuckerabfall. Hier können Zimt und alternative Mehle helfen.

Zimt reguliert die Glukose im Körper,[20] und Mehle, die mehr Ballaststoffe und weniger Kohlenhydrate enthalten, verlangsamen den Verdauungsprozess und stabilisieren den Blutzucker.[21] Zu diesen Mehlen gehören beliebte glutenfreie Sorten wie Buchweizenmehl, Mandelmehl, Kokosmehl und Kichererbsenmehl.

Die folgenden Gebäcke sind zwar süß, aber nicht übermäßig süß, und enthalten Zimt sowie ballaststoffreiche Mehle.

Paleo-Zimtbagels

- 240 g Pfeilwurzmehl
- 100 g Rosinen
- 60 g Maniok-Mehl (Kassava-Mehl)
- 30 g Mandelmehl
- 30 g Tapioka-Mehl
- 30 g Ahornsirup
- 30 g Ghee oder Butter
- 4 mittelgroße Eier und 1 mittelgroßes, verquirltes Ei
- 1 EL gemahlener Zimt, aufgeteilt
- 1 TL Backpulver
- 1 TL Meersalz

1. Den Backofen auf 180 °C vorheizen und ein Backblech mit Pergamentpapier auslegen.
2. Alle Zutaten außer dem verquirlten Ei, der Hälfte des Zimts und den Rosinen in einer großen Schüssel oder in einem Standmixer vermengen.
3. Mischen, bis der Teig sämig ist.
4. Den restlichen Zimt und die restlichen Rosinen behutsam unterheben.
5. Den Teig in sechs gleiche Stücke teilen. Aus jedem Teil eine Kugel formen, die Mitte ausstechen und so einen Bagel formen.
6. Einen großen Topf halb mit Wasser füllen.
7. Das Wasser zum Kochen bringen. Dann die Hitze leicht reduzieren, sodass das Wasser weiter kocht.
8. Einen Bagel nach dem anderen in das kochende Wasser legen (am besten mit einer Zange).
9. Auf jeder Seite jeweils eine Minute kochen, bis der Bagel oben schwimmt.
10. Die gekochten Bagel auf das Backblech legen und mit gequirltem Ei bestreichen.

11. Die Bagel etwa 30 Minuten backen (oder bis sie oben goldbraun sind).

Glutenfreies Bananenbrot

Trockene Zutaten:

- 62,5 g Paleo-Mehl oder glutenfreies Mehl
- 3 Messlöffel Kollagenpulver
- 2 EL Kokosmehl
- 2 EL Leinsamenmehl
- 1 TL Zimt
- 1 TL Backpulver
- 1 TL Backnatron
- 1 Prise Meersalz

Feuchte Zutaten:

- 60 g Nussbutter (am besten ohne Zucker oder sonstige Zusätze)
- 4 reife Bananen
- 4 Eier
- 2 EL zerlassenes Kokosöl
- 2 EL Ghee
- 1 TL Vanilleextrakt

Zum Untermischen:

- 75 g Walnusskerne, grob gehackt
- 55 g dunkle Schokoladentropfen oder -stücke (Kakaonibs sind ebenfalls geeignet)

1. Den Backofen auf 190 °C vorheizen und eine Kastenform einfetten.
2. Alle trockenen Zutaten in einer kleinen Schüssel vermengen.
3. Alle feuchten Zutaten in einer großen Schüssel vermengen.

4. Die trockenen Zutaten langsam mit einer Gabel mit den feuchten mischen.
5. Die Walnusskerne und Schokoladenstückchen behutsam unterheben.
6. Den Teig in die eingefettete Kastenform gießen und 50 bis 60 Minuten backen.
7. Abkühlen lassen und genießen!

Mamas Apfelkuchen

Für den Boden:

- 360 g Mandelmehl
- 150 g Butter aus Weidemilch (kalt und gewürfelt)
- 130 g Tapiokamehl
- 2 EL Kokosmehl
- 2 EL Kokosblütenzucker
- 1 großes Ei
- ½ TL Salz

Für die Füllung:

- 1,25 kg Äpfel, geschält, ohne Kerngehäuse, in Scheiben geschnitten
- 50 g Ahornzucker
- 2 EL Ahornsirup
- 2 EL Tapiokamehl
- 2 EL Zitronensaft
- 2 EL Kokosöl, zerlassen
- 1 EL Vanilleextrakt
- 2 TL Zimt
- ¼ TL Muskat
- ¼ TL Piment
- ¼ TL gemahlener Ingwer

1. Die trockenen Zutaten für den Boden und die Butter in der Küchenmaschine vermengen, bis eine grobe Mischung entsteht.
2. Das Ei verschlagen und in die trockenen Zutaten gießen.
3. Aus der Mischung mit den Händen einen Teig formen.
4. Den Teig in zwei gleiche Teile teilen und diese zu flachen Kreisen pressen.
5. Den Teig in Frischhaltefolie wickeln und mindestens eine Stunde lang (besser über Nacht) in den Kühlschrank legen.
6. Den Backofen auf 220 °C vorheizen.
7. Einen der Teigkreise zwischen zwei Stück Pergamentpapier (oder Silikonbackmatten) legen und ausrollen, bis sein Durchmesser etwa sieben bis acht Zentimeter größer ist als der der Kuchenform.
8. Den Teig in die Kuchenform legen und behutsam festdrücken. Die Form dann ins Gefrierfach oder die Tiefkühltruhe stellen.
9. Die Zutaten für die Füllung in einer großen Schüssel gründlich vermengen, bis die Äpfel gleichmäßig überzogen sind.
10. Den Boden aus dem Gefrierfach holen und mit den Äpfeln füllen (möglichst ohne die Flüssigkeit).
11. Die Schritte 7 bis 10 mit dem zweiten Teigkreis wiederholen.
12. Das Papier entfernen und den Teig in dünne Streifen schneiden. Die Streifen sorgfältig gitterförmig auf den Kuchen legen.
13. Den Gitterkuchen zehn Minuten backen.
14. Die Temperatur auf 190 °C senken und weitere 30 bis 40 Minuten backen, bis der Boden goldbraun ist.
15. Abkühlen lassen und genießen!

Glutenfreie Zimtschnecken

Für den Teig:

- 200 g Tapiokamehl
- 60 g Mandelmehl
- 3 EL Kokosöl, zerlassen

- 2 EL Chai-Konzentrat
- 2 EL Goldleinmehl
- 2 Messlöffel Kollagenpulver
- 1 EL Agavensirup oder Rohhonig
- 1 Bio-Ei
- 1 TL Vanilleextrakt
- 1 TL Backnatron
- 1 TL Zimt
- 1 Prise Meersalz

Für die Füllung:

- 30 g Bio-Walnuss- oder Bio-Pekannusskerne, fein gehackt
- 4 entkernte Medjool-Datteln, eingeweicht und fein gehackt
- 3 EL Kürbispüree (von einem Bio-Kürbis)
- 1 EL Zimt
- 1 EL Rohhonig

Für den Belag:

- Mandelmus oder Honig zum Beträufeln

1. Die feuchten Zutaten für den Teig vermengen und leicht mit dem Rührbesen schlagen.
2. Die trockenen Zutaten für den Teig in einer anderen Schüssel vermengen.
3. Die trockenen Zutaten langsam unter die feuchten heben und dann mit den Händen vermengen. Wenn sie nicht richtig aneinanderhaften, mehr zerlassenes Öl und ein wenig warmes Wasser dazugeben.
4. Den Teig auf ein Stück Wachspapier legen. Ein zweites Stück Wachspapier darauflegen und den Teig zu einem dünnen, flachen Blatt rollen.
5. Das obere Wachspapierstück entfernen.

6. Zuerst das Kürbispüree auf dem Teig verteilen, dann Zimt, Nusskerne und Datteln. Großzügig mit Honig beträufeln.
7. Mithilfe des unteren Wachspapierstücks den Teig zu einem Block rollen und 15 Minuten im Gefrierfach oder in der Tiefkühltruhe festwerden lassen.
8. Den Backofen auf 180 °C vorheizen und ein Backblech einfetten.
9. Den Teig aus dem Gefrierfach holen und das Wachspapier entfernen. Den Teig in Kreise schneiden und diese auf das Backblech legen.
10. Etwa 15 Minuten backen, bis die Teigkreise golden aussehen.
11. Mit Mandelmus oder Honig beträufeln oder aus Kokoscreme und Honig Ihre eigene paleo-freundliche Zimtschneckenglasur kreieren.

Fleischwürze

Vor Jahrhunderten wurde Zimt verwendet, um Fleisch zu konservieren, da er eine antibakterielle Wirkung hat.[22] Heute ist das nicht mehr notwendig, aber die subtile Süße des Gewürzes trägt dazu bei, das Aroma des Fleischgerichts hervorzuheben.[23]

Schweinekoteletts mit Apfel

Für das Schweinefleisch:

- 2 Schweinekoteletts mit Knochen
- 2 Zweige frischer Rosmarin
- 1 EL Kokosöl
- 1 TL Zimt
- 1 TL geräuchertes Paprikapulver
- ½ TL Muskat
- 1 Prise Meersalz

Für die Äpfel:

- 120 ml Knochenbrühe
- 2 Äpfel ohne Kerngehäuse, in Scheiben geschnitten
- 1 kleine rote Zwiebel, in Scheiben geschnitten
- 1 EL frischer Salbei, grob gehackt
- 1 EL Ahornsirup
- 1 TL Kokosöl
- 1 TL Zimt
- 1 TL gemahlener Ingwer
- 1 TL würziger brauner Senf
- Meersalz
- frisch gemahlener schwarzer Pfeffer

1. Die Gewürze für das Schweinefleisch vermengen und beide Seiten der Koteletts damit einreiben.
2. Eine große (gusseiserne) Pfanne bei hoher Temperatur erhitzen. Das Kokosöl hineingeben, sobald die Pfanne heiß ist, und bei mittlerer Hitze köcheln lassen.
3. Die Koteletts in die Pfanne legen und an beiden Seiten je drei Minuten anbraten.
4. Das Fleisch aus der Pfanne holen und beiseitestellen.
5. Zuerst das Kokosöl in die Pfanne geben, dann die Äpfel und Zwiebeln dazugeben. Anbraten, bis sie ein wenig weich sind.
6. Die restlichen Zutaten für die Äpfel hineingeben und gut vermengen.
7. Die Schweinekoteletts wieder dazugeben und bei mittlerer Hitze noch zwei bis drei Minuten köcheln lassen, bis sie gar sind.
8. Vom Herd nehmen und genießen!

Paleo-Kürbis-Chili

- 900 g Truthahn- oder Rinderhackfleisch (oder halb und halb)
- 800 g geröstete Tomaten
- 450 g Kürbis aus der Dose
- 300 ml Knochenbrühe
- 1 ½ EL Avocadoöl
- 1 ½ EL Chilipulver
- 1 EL Kakaopulver
- 1 ½ TL Knoblauchpulver
- 1 ½ TL Zimt
- 1 ½ TL Kreuzkümmel
- ½ TL Muskat
- ½ TL geräuchertes Paprikapulver (normales geht auch)
- ½ TL Cayennepfeffer
- 1 kleine rote Zwiebel, gewürfelt
- 1 Paprikaschote, gewürfelt
- Meersalz nach Geschmack
- frisch gemahlener schwarzer Pfeffer nach Geschmack
- griechischer Joghurt (natur) oder Sauerrahm aus Pflanzenmilch für den Belag
- Avocado, gewürfelt, für den Belag
- optional: Jalapeños, in Scheiben geschnitten, für den Belag

1. Eine große Pfanne bei hoher Temperatur erhitzen. Sobald sie heiß ist, das Öl hineingießen.
2. Das Fleisch dazugeben und anbraten.
3. Wenn das Fleisch braun ist, die Zwiebel und die Paprikaschote dazugeben und zwei Minuten garen.
4. Einen großen Topf bei mittlerer Temperatur erhitzen und Fleisch, Zwiebel und Paprika aus der Pfanne hineingeben.
5. Die restlichen Zutaten dazugeben und vermengen.

6. Das Chili zum Kochen bringen, dann die Temperatur reduzieren und 30 Minuten köcheln lassen. Wenn Sie dünnflüssigeres Chili mögen, nach der Hälfte der Garzeit etwas mehr Knochenbrühe hineingießen.
7. Vom Herd nehmen und servieren. Mit griechischem Joghurt oder saurer Sahne, Avocadowürfeln und/oder Jalapeños (wenn gewünscht) garnieren.

Gerichte aus aller Welt

Zimt – von der süßen Variante (wie in der mexikanischen Schokolade) bis zur pikanten (wie im indischen Curry) – wird seit Jahrhunderten in den Küchen der ganzen Welt verwendet. Er ist ein vielseitiges Gewürz, mit dem Sie Gerichte aus den unterschiedlichsten Ländern in Ihrer eigenen Küche zubereiten können.

Chinesisches Chiliöl

- 180 g Traubenkernöl
- 75 g rote Chiliflocken (am besten Szechuan-Chiliflocken)
- 5 ganze Sternanise
- 3 EL geröstete weiße Sesamsamen
- 3 EL Szechuan-Pfefferkörner
- 1 EL frischer Ingwer, fein gehackt
- 1 TL Salz
- 2 Lorbeerblätter
- 1 Zimtstange

1. Sesamsamen, Chiliflocken und Salz in einer Schale vermengen und beiseitestellen.
2. Öl, Sternanise, Zimtstange, Lorbeerblätter, Pfefferkörner und Ingwer in einem kleinen Topf vermengen und bei mittlerer Temperatur erhitzen.
3. Sobald beim Öl Blasen aufsteigen, die Hitze auf niedrig verringern. Öl und Gewürze dürfen nicht anbrennen. Achten Sie also darauf, dass die Temperatur zwischen 90 und 110 °C liegt.
4. Das Öl 30 Minuten köcheln lassen. Es sollte die ganze Zeit ein wenig sprudeln. Ändern Sie bei Bedarf die Hitze ein wenig.
5. Den Topf vom Herd nehmen und die Mischung über der Schüssel mit Sesamsamen, Chiliflocken und Salz abseihen.
6. Gut umrühren und abkühlen lassen. In ein Glasgefäß umfüllen und bis zu drei Monate im Kühlschrank aufbewahren.

Marokkanische Kurkuma-Blumenkohl-Suppe

- 600 ml Knochen- oder Gemüsebrühe
- 4 mittelgroße Knoblauchzehen, geschält
- 4 EL natives Olivenöl extra, aufgeteilt
- 1 TL Salz
- 1 TL Kreuzkümmel
- 1 TL Korianderpulver
- 1 TL gemahlener Ingwer
- 1 TL Kurkuma
- 1 TL Zimt
- 1 TL Paprikapulver
- 1 TL schwarzer Pfeffer
- 1 Kopf Blumenkohl
- 1 große gelbe Zwiebel, gewürfelt
- 1 Möhre, geschält und gewürfelt
- 1 Frühlingszwiebel, in Streifen geschnitten, zum Garnieren

1. Den Backofen auf 190 °C vorheizen und ein Backblech mit Pergamentpapier auslegen.
2. Den Blumenkohl in kleine Stücke hacken.
3. Blumenkohl, Knoblauch, Salz und zwei Esslöffel Olivenöl vermengen.
4. Den Blumenkohl auf dem Backblech verteilen und 40 Minuten rösten.
5. Zwei Esslöffel Olivenöl in einem großen Topf bei mittlerer Temperatur erhitzen.
6. Zwiebel und Möhre dazugeben und die Mischung kurz anbraten, bis die Möhre weich und die Zwiebel durchsichtig wird (nach etwa drei Minuten).
7. Brühe und Gewürze dazugeben. Zehn Minuten köcheln lassen.
8. Den gerösteten Blumenkohl hineinschütten und die Suppe mit einem Mixer pürieren.
9. Sofort servieren und, wenn gewünscht, mit der Frühlingszwiebel garnieren.

Einfaches und aromatisches indisches Curry

- 680 g Lammfleisch, in Würfel gehackt
- 450 g stückige Tomaten
- 400 g Kokosmilch, vollfett
- 50 g Zwiebelringe
- 2 Lorbeerblätter
- 2 ganze Gewürznelken
- 2 EL Kokosöl oder Ghee, geteilt
- 1 EL frisches Koriandergrün, fein gehackt
- 4 TL gelbes Currypulver
- 2 TL Kurkuma
- 1 TL frischer Knoblauch, fein gehackt
- 1 TL frischer Ingwer, fein gehackt

- 1 TL gemahlener Kreuzkümmel
- 1 TL Garam Masala
- 1 TL Cayennepulver
- 1 TL Salz
- 1 Zimtstange
- Basmatireis oder Blumenkohlreis
- Naan-Brot zum Garnieren

1. Einen Esslöffel Kokosöl oder Ghee in einer großen Pfanne bei mittlerer Temperatur erhitzen.
2. Die Lammfleischwürfel in der Pfanne zwei bis drei Minuten anbraten. Beide Seiten sollten braun sein. Auf einen Teller legen und beiseitestellen.
3. Den zweiten Esslöffel Kokosöl oder Ghee in die Pfanne geben und die Hitze etwas reduzieren.
4. Alle Gewürze und die Zwiebel hinzufügen und köcheln lassen, bis die Zwiebel durchsichtig ist.
5. Die Kokosmilch und die Tomaten dazugeben und weiter köcheln lassen. Wenn das Curry zu kochen beginnt (dafür müssen Sie die Hitze vielleicht erhöhen), darf es drei Minuten weiterkochen.
6. Die Hitze auf niedrig reduzieren und die Mischung zugedeckt 15 Minuten köcheln lassen.
7. Lammfleisch und Koriandergrün zugeben. Ohne Deckel weitere fünf Minuten köcheln lassen (oder bis das Fleisch durchgegart ist).
8. Mit dem Reis und dem Naan-Brot servieren und genießen.

Extrasüße Desserts

Eines der meistbenutzten Gewürze in Desserts ist der Zimt. Er macht Ihre Nachspeisen auf natürliche Weise und ohne Zuckerzusatz süßer. Das ist wichtig, wenn Sie Ihren Zuckerkonsum verringern wollen oder müssen.

Zimt verbessert aber nicht nur den Geschmack eines Apfelkuchens. Er wird seit Jahrhunderten für zahlreiche Gerichte verwendet, vom uralten, multikulturellen Milchreis bis zur zurzeit beliebten amerikanischen *Nicecream* (veganes Speiseeis).

Schoko-Zimt-Nicecream

- 4 reife Bananen, in Scheiben geschnitten und tiefgekühlt
- 3 EL Kakaopulver
- 2 EL Butter aus Sonnenblumenkernen
- 1 EL ungesüßte Kokosmilch
- 1 TL gemahlener Zimt
- 1 TL Vanilleextrakt
- 1 Prise Meersalz

1. Alle Zutaten in der Küchenmaschine oder in einem Hochgeschwindigkeitsmixer vermengen und mit der Pulse-Taste pürieren, bis ein sämiger Brei entsteht. Wenn nötig, mehr Kokosmilch hineingießen, damit eine glatte Masse entsteht.
2. Sofort servieren und genießen!

Zimt-Milchreis ohne Milch

- 700 ml ungesüßter Macadamia-, Hanf- oder Leinsamen-Drink (sie sind am cremigsten)
- 100 g brauner Rundkornreis oder 150 g weißer Reis
- 100 g Kokosnusscreme

- 100 g Rosinen
- 80 ml Ahornsirup
- 2 TL gemahlener Zimt
- 1 TL Vanilleextrakt
- 1 TL gemahlener Kardamom (optional)
- 1 TL geriebene Orangenschale
- ½ TL Muskat
- 1 Prise Salz zum Abschmecken
- geschälte Pistazien zum Garnieren

1. Alle Zutaten in einem großen Topf vermengen und bei mittlerer Hitze zum Kochen bringen.
2. Hitze auf niedrig reduzieren und 20 Minuten köcheln lassen. Gelegentlich umrühren, damit der Reis nicht am Boden klebt.
3. Abschmecken und bei Bedarf mehr Süßmittel oder Gewürze dazugeben.
4. Warm servieren und, wenn gewünscht, mit Pistazien belegen oder im Kühlschrank abkühlen lassen und kurz vor dem Servieren mit Pistazien bestreuen.

Kandierter Speck

- 6 Speckstreifen (nicht dick geschnitten)
- 2 EL Ahornsirup
- 1 EL Kokosblütenzucker
- 1 TL Zimt
- 1 TL Cayennepfeffer

1. Den Backofen auf 200 °C vorheizen.
2. Ein Backblech mit Alufolie auslegen und ein Drahtgitter darauflegen. Die Speckstreifen auf dem Drahtgitter verteilen.
3. Den Speck 10 Minuten braten.

4. Den Speck aus dem Backofen holen und die Hitze auf 175 °C verringern.
5. Die Speckstreifen mit Küchenpapier abtupfen.
6. Ahornsirup und Gewürze in einer großen Glaspfanne vermengen. Eine Seite jedes Speckstreifens mit dem gewürzten Ahornsirup bestreichen.
7. Den Speck mit der bestrichenen Seite nach oben zehn Minuten im Backofen braten.
8. Aus dem Backofen holen, abtupfen und die zweite Seite der Speckstreifen mit Ahornsirup bestreichen.
9. Den Speck mit der frisch bestrichenen Seite nach oben weitere zehn Minuten braten.
10. Die Pfanne aus dem Backofen holen und vor dem Servieren 10 bis 20 Minuten abkühlen lassen.

Raffinierte Snacks

Snacks mit Zimt verleihen Kindern und Erwachsenen neuen Schwung. Sie verbessern die Sinneswahrnehmungen und eignen sich daher vorzüglich für eine Zwischenmahlzeit in der Schule oder bei der Arbeit am Nachmittag.[24]

Süße Zimtmandeln

- 100 g Mandeln
- 40 ml Ahornsirup
- 1 EL Kokosöl
- 1 TL Zimt
- 1 TL Vanilleextrakt
- 1 Prise rosafarbenes Himalaja-Salz

1. Den Backofen auf 160 °C vorheizen.
2. Ein Backblech mit Pergamentpapier oder mit einer antihaftbeschichteten Silikonbackmatte auslegen.
3. Die Mandeln auf das Backblech geben und zehn Minuten rösten.
4. Ahornsirup, Kokosöl, Zimt und Vanilleextrakt in einer Pfanne vermengen. Zum Kochen bringen, dann die Hitze auf mittel bis niedrig reduzieren.
5. Die Mandeln dazugeben und alles köcheln lassen. Häufig umrühren, bis der Ahornsirup zu verdunsten beginnt (etwa nach drei bis fünf Minuten).
6. Die Mandeln auf dem Backblech verteilen.
7. Salz darüber streuen und vor dem Servieren oder Aufbewahren abkühlen lassen.

Zimt-Kochbananen-Chips

- 1 grüne Kochbanane
- 1 EL zerlassenes Kokosöl
- 1 TL Zimt
- ½ TL rosafarbenes Himalaja-Salz

1. Den Backofen auf 175 °C vorheizen.
2. Ein Backblech mit Pergamentpapier oder mit einer antihaftbeschichteten Silikonbackmatte auslegen.
3. Die Enden der Banane abschneiden, dann mit drei flachen Schnitten die Schale aufschneiden, sodass das Messer nicht das Fruchtfleisch verletzt. Nun die Schale entfernen.
4. Die Banane in knapp vier Zentimeter dicke Scheiben schneiden.
5. Bananenscheiben, Kokosöl, Zimt und Salz in einer kleinen Schüssel vermengen.
6. Die Bananenscheiben in einer dünnen Schicht ins Backblech legen und 25 Minuten backen, bis sie knackig und knusprig sind.

Frucht-Salsa mit Zimt-Chips

Für die Frucht-Salsa:

- 160 g Erdbeeren, gehackt
- 115 g Himbeeren
- 115 g Heidelbeeren
- 115 g Brombeeren
- 2 EL Honig
- 1 EL Zitronensaft
- 1 Kiwi, gewürfelt
- 1 Nektarine, gewürfelt

Für die Chips:

- 4 getreidefreie Tortillas
- 1 EL Kokosöl, zerlassen
- 1 EL Kokosblütenzucker
- ½ TL Zimt

1. Den Backofen auf 175 °C vorheizen und ein Backblech mit Pergamentpapier auslegen.
2. Alle Zutaten für die Frucht-Salsa vermengen und in einem luftdichten Behälter bis zum Gebrauch aufbewahren.
3. Die Tortillas in Dreiecke schneiden (so wie Sie eine Pizza zerteilen würden).
4. Jeden Chip auf beiden Seiten mit Kokosöl bestreichen.
5. Kokosblütenzucker und Zimt gut vermengen und die Mischung auf beide Seiten der Chips streuen.
6. Die Chips auf das Backblech geben und zehn Minuten backen.
7. Vollständig abkühlen lassen, dann mit der Frucht-Salsa servieren.

Apfelmus ohne Zuckerzusatz

- 1,35 kg Äpfel, geschält, ohne Kerngehäuse und in dicke Stücke gehackt
- 60 ml Wasser
- 2 EL Ghee oder Kokosöl
- 1 TL Zitronensaft
- 1 TL gemahlener Zimt
- 1 TL Vanilleextrakt
- ½ TL Muskat
- 1 ganzer Sternanis

1. Kokosöl oder Ghee bei hoher Temperatur in einem großen Topf erhitzen.
2. Alle Zutaten in den Topf geben und bei schwacher Hitze 45 bis 60 Minuten köcheln lassen. Etwa alle 15 Minuten umrühren.
3. Die Mischung abschmecken und, wenn gewünscht, mehr Zimt dazugeben. Die Äpfel sollten weich sein.
4. Abkühlen lassen und in einem Behälter bis zu einer Woche lang im Kühlschrank aufbewahren.

Unwiderstehliche Apfelchips

- 900 g Äpfel
- 1 EL Zimt

1. Die Äpfel entkernen und in dünne Scheiben schneiden.
2. Die Apfelscheiben mit Zimt bestreuen, mit einem Dörrgerät oder im Backofen trocknen und bis zu zwei Wochen aufbewahren.

Mit einem Dörrgerät:
Das Dörrgerät auf 60 °C einstellen und die Äpfel sechs Stunden trocknen (oder so lange, bis sie nicht mehr feucht sind). Wenn

für das Dörrgerät spezielle Anweisungen für das Dörren von Obst gelten, richten Sie sich danach.

Im Backofen:
Den Backofen auf 95 °C vorheizen und ein Backblech mit Pergamentpapier auslegen. Die mit Zimt bestreuten Apfelscheiben so aufs Backblech legen, dass sie nicht überlappen. Eine Stunde backen, dann wenden und noch einmal eine bis zwei Stunden backen, bis die Chips nicht mehr feucht sind.

Gemütlicher frühstücken

Zimt zum Frühstück hilft Ihnen, kraftvoll in den Tag zu starten! Er macht nicht nur das ganze Frühstück gemütlicher und süßer, sondern gibt auch Ihrer Gesundheit einen Schub: Zimt lindert nachweislich Entzündungen, senkt den Blutzuckerspiegel und enthält eine Fülle von Antioxidantien, die freie Radikale (zellschädigende Moleküle) im Körper entschärfen.[25] Außerdem stärkt er das Gedächtnis, sodass Sie mit klarem Kopf in die Schule oder zur Arbeit aufbrechen können.[26]

Süßkartoffeln mit Zimt zum Frühstück

- 1 Süßkartoffel
- Joghurt nach Belieben
- Blaubeeren nach Belieben
- Nussbutter nach Belieben
- Knuspermüsli nach Belieben
- Zimt nach Belieben

1. Den Backofen auf 190 °C vorheizen.
2. Die Süßkartoffel waschen, auf ein Backblech legen und eine Stunde backen (oder bis sie innen weich ist).
3. Die Süßkartoffel halbieren und mit Joghurt, Heidelbeeren, Nussbutter und Knuspermüsli füllen.
4. Mit einer Prise Zimt bestreuen und genießen!

Zimt und Haferflocken

Für die Haferflocken:

- 80 ml Milch Ihrer Wahl
- 30 g Blumenkohlreis
- ½ Banane
- 1 EL Leinmehl
- 1 EL Chiasamen
- 1 EL geschälte Hanfsamen
- 1 EL Mandelmehl
- 1 Messlöffel Kollagenpulver (optional)
- 1 TL Zimt
- 1 TL Vanilleextrakt

Für den Belag:

- frische Heidelbeeren nach Belieben
- Honig nach Belieben
- Walnüsskerne nach Belieben
- Nussbutter nach Belieben

1. Alle Zutaten außer dem Vanilleextrakt und dem Belag in einem kleinen Topf vermengen.
2. Bei schwacher Hitze köcheln lassen. Gelegentlich umrühren. Der Blumenkohl und die Banane sollten weich und gar sein. Bei Bedarf Milch nachgießen.

3. Den Vanilleextrakt hineingeben und gut vermengen, dann vom Herd nehmen und alles auf den Haferflocken verteilen.

In der Mikrowelle:
Alle Zutaten außer dem Belag in eine mikrowellensichere Schale geben und zwei bis drei Minuten erhitzen. Sobald alles warm ist, den Belag dazugeben und genießen.

Gegrillte Grapefruit zum Frühstück

Für die Grapefruit:
- 1 Grapefruit
- 2 EL Honig
- ½ TL Zimt
- ½ TL Cayennepfeffer
- ½ TL gemahlener Ingwer

Für den Belag:
- Joghurt nach Belieben
- Walnusskerne nach Belieben
- frisches Obst nach Belieben

1. Grapefruit oben und unten abschneiden, sodass sie nicht rollt; dann halbieren.
2. Den Honig und die Gewürze vermengen. Die Paste auf beiden Grapefruithälften verteilen.
3. Die Grapefruit fünf bis acht Minuten grillen (oder bis sie oben goldbraun ist).
4. Mit Joghurt, Walnusskernen und Obst belegen und genießen!

Zimt-Kaffee-Smoothie

- 180 ml kalter Kaffee
- 180 ml Nussdrink
- 25 g gefrorener Blumenkohlreis
- ½ reife Banane, gefroren (oder ½ frische Banane mit einigen Eiswürfeln)
- 1 EL Mandelbutter
- 1 EL Leinmehl
- 1 EL Hanfherzen
- 1 TL Zimt
- 1 TL Vanilleextrakt
- 1 bis 2 entkernte Datteln (optional)

1. Alle Zutaten in einem Hochgeschwindigkeitsmixer geben.
2. Mixen, bis ein sämiger Brei entsteht. Bei Bedarf Flüssigkeit nachgießen.
3. In eine Tasse gießen und genießen!

Frühstückstoast mit Zimt

- 2 Brotscheiben
- Butter oder Pflanzenbutter nach Belieben
- Honig nach Belieben
- Zimt nach Belieben.

1. Das Brot rösten.
2. Die Butter dick auf die Toastscheiben streichen.
3. Die Toastscheiben mit Honig beträufeln und großzügig mit Zimt bestreuen.
4. Genießen!

Eingelegte Lebensmittel

Viele Nahrungsmittel werden seit rund 4000 Jahren eingelegt, um sie zu konservieren oder als Proviant auf langen Reisen mitzunehmen.[27] Heute müssen wir unser Essen nicht mehr konservieren; dennoch bleibt das Einlegen eine beliebte Methode, mehr wohlschmeckendes Gemüse auf den Tisch zu bringen. Es gibt zwei Arten des Einlegens:

Schnelles Einlegen: Nahrungsmittel werden in Essig eingelegt.

Fermentieren: Chemische Reaktion zwischen dem Zucker in einem Nahrungsmittel und natürlichen Bakterien.

Zimt ist beim Einlegen besonders nützlich, weil er Mikroben abtötet.[28] Das Sterilisieren der Gläser und der Essig sollten zwar unerwünschte Bakterien beseitigen, aber der Zimt hilft zu verhindern, dass sich erneut Bakterien ansiedeln. Das folgende Rezept eignet sich für das schnelle Einlegen – es dauert nur 48 Stunden, und schon sind die Essiggurken fertig.

Essiggurken im Schnellverfahren

- Babygurken (oder normale, kürzer geschnittene Gurken)
- 240 ml Apfelessig
- 240 ml Wasser
- 115 g Zucker
- 2 Lorbeerblätter
- 1 Zimtstange
- ½ TL Muskat
- ½ TL gelbe Senfsamen
- ½ TL Paprikapulver
- 1 Prise Meersalz

1. Die Gurken der Länge nach halbieren und die Enden abschneiden.
2. Ein großes Einmachglas in kochendem Wasser sterilisieren.
3. Das Glas mit frischem kochendem Wasser ausspülen.
4. Alle Gewürze ins Glas geben.
5. Die Gurken dicht an dicht ins Glas legen.
6. Essig, Wasser, Zucker und Salz in einem Topf vermengen. Die Lake zum Kochen bringen.
7. Die Lake in das Glas gießen, bis oben nur noch 1,25 Zentimeter frei sind.
8. Das Glas behutsam auf den Tisch stoßen, um Luftbläschen zu entfernen. Wenn nötig, Lake nachfüllen.
9. Den Deckel fest auf das Glas schrauben.
10. Das Glas bei Zimmertemperatur abkühlen lassen.
11. Vor dem Servieren 48 Stunden in den Kühlschrank stellen.
12. Im Kühlschrank bis zu einer Woche lang aufbewahren.

Gemüse aufpeppen

Zimt passt offensichtlich gut zu Backwaren und Frühstücksflocken, weil er ein süßes Gewürz ist; aber er eignet sich auch gut für Gemüsegerichte. Er verleiht dem Essen ein süß-salziges Aroma, dem man schwer widerstehen kann! So wird das Gemüse schmackhafter.

Möhren mit Zimt auf marokkanische Art

Dieses Rezept können Sie auf zwei unterschiedliche Arten zubereiten: einmal als Salat und zum anderen als geröstete Version.

Für den Salat:
- 225 g Möhren
- 50 g Rosinen oder Sultaninen
- ½ Bund Koriandergrün (und mehr zum Garnieren)

Für das Dressing:
- 2 EL Tahini
- 1 EL Olivenöl
- 1 EL Honig oder Ahornsirup
- 1 TL Zitronensaft
- 1 TL gemahlener Zimt
- ½ TL Cayennepfeffer
- ½ TL Kurkuma
- 1 große Prise Meersalz
- frisch gemahlener schwarzer Pfeffer zum Abschmecken

1. Die Rosinen in einer Schale Wasser einweichen, damit sie aufquellen.
2. Die Möhren waschen und putzen. Grüne Teile entfernen.
3. Die Möhren grob raspeln, sodass dünne, lange Stücke entstehen (geriebene Möhren sind ebenfalls geeignet).
4. Das Koriandergrün waschen, zu einem Büschel zusammenrollen und grob hacken. So bleibt der Geschmack erhalten.
5. Alle Zutaten für das Dressing in einer kleinen Schüssel vermengen und mit einer Gabel gut umrühren.
6. Die Rosinen abgießen und mit den Möhren und dem Koriandergrün in eine große Schüssel geben.
7. Das Dressing darübergießen und alles gut vermischen.
8. Frischen schwarzen Pfeffer mahlen und auf den Salat streuen.
9. Wenn gewünscht, mit Koriandergrün garnieren und genießen!

Geröstete Version

- 450 g Möhren
- 50 g Rosinen oder Sultaninen
- 2 EL Avocadoöl oder Kokosöl
- 1 EL Honig oder Ahornsirup
- 1 TL geräuchertes Paprikapulver
- 1 TL Kreuzkümmmel
- 1 TL Kurkuma
- ½ TL gemahlener Ingwer
- ½ TL gemahlener Zimt
- ½ TL Cayennepulver
- 1 große Prise Meersalz
- frisch gemahlener schwarzer Pfeffer zum Abschmecken
- Koriandergrün zum Garnieren
- Tahini zum Abschmecken (optional)

1. Den Backofen auf 190 °C vorheizen.
2. Die Möhren putzen und waschen. Grüne Teile entfernen.
3. Die Möhren diagonal in vier Zentimeter große Stücke schneiden und in eine große Backform geben.
4. Honig oder Ahornsirup, Avocado- oder Kokosöl und Gewürze in einer separaten Schüssel mit einer Gabel gründlich vermengen.
5. Die Mischung auf die Möhren gießen und alles gut vermengen.
6. Die Möhren 20 Minuten rösten.
7. Während die Möhren rösten, die Rosinen in Wasser einweichen, damit sie quellen.
8. Nach 20 Minuten die Rosinen abgießen, auf den Möhren verteilen und weitere fünf Minuten in den Backofen stellen.
9. Die Möhren aus dem Backofen holen. Schwarzen Pfeffer mahlen und auf die Möhren streuen. Mit Koriandergrün garnieren. Sie schmecken auch mit ein paar Tropfen Tahini großartig!

Ants on a Log 2.0

»Ameisen auf einem Stock« sind ein traditionelles amerikanisches Fingerfood.

- 30 g Goji-Beeren oder getrocknete Cranberrys
- 3–6 EL Mandelbutter
- 3 Selleriestangen
- Zimt nach Belieben
- Meersalz nach Belieben
- Honig zum Beträufeln (optional)

1. Den Sellerie waschen und die Enden abschneiden. In fünf bis acht Zentimeter lange Stücke schneiden und trocken tupfen.
2. Mandelbutter im hohlen Teil jedes Selleriestücks verteilen.
3. Mit Zimt und Meersalz bestreuen.
4. Die Goji-Beeren oder die getrockneten Cranberrys im hohlen Teil jedes Selleriestücks verteilen und behutsam festdrücken.
5. Wenn gewünscht, mit Honig beträufeln und genießen!

Geröstetes Herbstgemüse mit Balsamessig und Zimt

- 450 g Herbstgemüse: Rosenkohl, Süßkartoffeln, Kürbis, Steckrüben usw.
- 2 EL Balsamessig
- 2 EL extra natives Olivenöl
- 1 EL Honig
- 1 TL Dijon-Senf
- 1 TL Zimt
- ½ TL geräuchertes Paprikapulver
- 2 Zweige Rosmarin
- 1 große Prise Meersalz

1. Den Backofen auf 190 °C vorheizen.
2. Das Gemüse waschen und putzen, in mundgerechte Stücke schneiden, trocken tupfen und auf ein großes Kuchenblech geben.
3. Essig, Olivenöl, Honig, Senf, Zimt, Paprika und Meersalz in einer Schüssel gut vermengen.
4. Das Dressing auf das Gemüse gießen und alles noch einmal mischen, bis das Gemüse gleichmäßig überzogen ist.
5. 30 Minuten backen.
6. Mit dem Rosmarin bestreuen und weitere 10 bis 15 Minuten backen.
7. Aus dem Backofen holen und genießen!

Infusionen

Das Aromatisieren oder Infundieren von Ölen und Spirituosen ist eine einfache Methode, um sie schmackhafter zu machen. Dadurch werden gewöhnliches Olivenöl oder Whisky außergewöhnlich. Alles, was Sie brauchen, ist etwas Zimt, eine Flüssigkeit Ihrer Wahl und Zeit.

Aromatisieren bedeutet, eine Zutat so lange in einer Flüssigkeit ziehen zu lassen, bis diese das Aroma der Zutat angenommen hat.[29] Theoretisch sind Tee und Kaffee also Infusionen, aber wir verfeinern das Verfahren. Die beiden folgenden Rezepte helfen Ihnen, zwei gewöhnliche Flüssigkeiten – Öl und Alkohol – zu aromatisieren. So werden daraus schöne Geschenke und Ihre Speisen und Getränke werden auf einfache, aber außergewöhnliche Weise schmackhafter.

Aromatisiertes Olivenöl

- 500 ml reines Olivenöl
- 70 g gemahlener Zimt

1. Das Olivenöl bei mittlerer bis starker Hitze in einem großen Topf wärmen.
2. Sobald das Öl warm ist, Zimt hineinstreuen und einrühren.
3. Die Hitze reduzieren und das Öl etwa drei Minuten köcheln lassen.
4. Vom Herd nehmen und das Öl durch einen Kaffeefilter abseihen, um so viel Zimt wie möglich zu entfernen.
5. In einem sterilisierten Glas bis zu einem Monat lang aufbewahren (am besten in einer dunklen Flasche, damit das Öl nicht im Sonnenlicht ranzig wird).

Aromatisierter Alkohol

- 500 ml Alkohol Ihrer Wahl (ich empfehle Vodka, Whisky oder Bourbon)
- 2 Zimtstangen

1. Die Zimtstangen in ein großes Einmachglas legen.
2. Den Alkohol hineingießen.
3. Gut verschließen und bis zu zwei Wochen beiseitestellen. Alle paar Tage probieren. Sobald das gewünschte Gewürzaroma erreicht ist, in ein sauberes Glas gießen und genießen! Das Getränk eignet sich als Geschenk, als Cocktail-Zutat oder eisgekühlt zum Nippen.

2
Für Ihr Schönheits- und Wohlfühlprogramm

Durchblutungsförderndes Körperöl

Der Bibel zufolge war Zimt einst Bestandteil des heiligen Salböls (Ex 30, 23-24), das aus Myrrhe, Zimt und Olivenöl zubereitet wurde. Aus diesen Zutaten können auch Sie ein Salböl herstellen, wenn Sie wollen, aber es eignet sich am besten als rasch einziehendes Körperöl nach dem Duschen oder als wärmendes Massageöl.

Die meisten Leute glauben, man könne sich nur in einem Spa massieren lassen; aber es geht auch zu Hause, entweder allein oder mithilfe einer anderen Person. Sie können den Kopf und die Kopfhaut, die Hände und Füße, den Rücken oder den ganzen Körper massieren – der Nutzen ist vielfältig. Eine Massage hilft bei Angst und Depression;[30] sie kurbelt das Immunsystem an und lindert Stress.[31]

Viele Masseur*innen verwenden Kokosöl oder eine Kokoslotion, um die Haut während der Massage zu befeuchten. Aber dieses selbst gemachte Öl hat zusätzliche Vorteile: Jojobaöl und Olivenöl verstopfen die Hautporen weniger und ziehen schnell ein, sodass die Haut sich nach der Massage nicht fettig oder klebrig anfühlt.

Zimt ist auch als wärmendes und durchblutungsförderndes Gewürz bekannt.[32] Zusammen mit ätherischen Ölen kurbelt er zudem den Kreislauf an. Dieses Körperöl duftet nicht nur angenehm, sondern bereitet die Muskeln auch auf die Massage vor und hält Sie nach einer Dusche noch lange warm. Zudem pflegt es die Haut und macht sie zart und geschmeidig.

Wärmendes Zimt-Körperöl

- 60 ml Jojobaöl
- 60 ml Olivenöl
- 10 ml CBD-Öl (optional)
- 15 Tropfen ätherisches Zimtöl
- 10 Tropfen ätherisches Vanilleöl
- 5 Tropfen ätherisches Nelkenöl
- 5 Tropfen ätherisches Ingweröl
- 5 Tropfen ätherisches Sandelholzöl

Alle Zutaten in einer Quetschflasche vermischen und gut schütteln. Nach Bedarf verwenden.

Gesichtsmasken

Gesichtsmasken entspannen die Haut und sind Teil der Schönheitspflege. Zudem versorgen sie die Haut mit wichtigen Nährstoffen, die meist nicht zur täglichen Hautpflege gehören. Heutzutage werden Gesichtsmasken aus allen erdenklichen Inhaltsstoffen hergestellt, vom Schneckenschleim (ja, wirklich!) bis zum traditionellen grünen Ton. Aber Sie brauchen keine extravaganten Zutaten für eine wirksame Gesichtsmaske – sie lässt sich aus Produkten zubereiten, die Sie bereits im Küchenschrank haben.

Einer der Vorteile einer selbst gemachten Gesichtsmaske besteht darin, dass Sie wissen, was darin enthalten ist. Alle Zutaten in dieser Honig-Zimt-Maske können Sie auch essen, und deshalb wissen Sie, dass sie auch für die Haut unbedenklich sind! Zimt und Honig sind ein hochwirksames Duo. Beide bekämpfen Bakterien und schützen zusammen vor dem *Propionibacterium acnes* und vor dem *Staphylococcus epidermidis.*[33] Außerdem verringert Zimt feine Linien in der Haut, weil er die Durchblutung verbessert und Ekzeme lindert.[34]

Honig enthält Glykolsäure, ein chemisches Peeling, das tote Hautzellen beseitigt, ohne dass Sie rubbeln müssen. Zudem hält er die Haut feucht, weil er der Luft Feuchtigkeit entzieht und unter der Haut einschließt.

Zimt-Honig-Maske gegen Akne

- 2 EL Honig (ich empfehle Manuka-Honig)
- 1 TL Zimt

1. Die Zutaten vermengen, bis sich eine Paste bildet.
2. Im Gesicht verteilen und 10 bis 15 Minuten einwirken lassen.
3. Mit warmem Wasser abwaschen und die Haut trocken tupfen oder an der Luft trocknen lassen.
4. Mit Ihrer üblichen Gesichtspflege fortfahren.

Akne- und Pickelbehandlung

Menschen in jedem Alter schätzen eine gesunde und reine Haut. Sie gilt in unserer Gesellschaft seit Langem als Symbol für körperliche Gesundheit und sie stärkt das Selbstbewusstsein und das seelische Wohlbefinden sowohl bei Frauen (für die eine makellose Haut gleichsam die Leinwand fürs Make-up ist) als auch bei Männern gleichermaßen.[35]

Neben den emotionalen Vorteilen einer reinen Haut gibt es noch viele andere Gründe, die Haut gut zu pflegen – schon deshalb, weil die Haut das größte Organ des Körpers ist! Krankheiten und Allergien können sich auf der Haut zeigen, das heißt, Akne, Gürtelrose und andere Hautprobleme können auf ein größeres Umwelt- oder Gesundheitsproblem hinweisen. Wenn Sie an hartnäckiger Akne leiden, sollten Sie Ihre Ernährung und Ihre Hautpflegeprodukte überprüfen und auch auf andere Symptome achten, zum Beispiel auf Müdigkeit, Stimmungsschwankungen oder Gewichtszunahme. Ebenfalls kann ein Besuch bei einem Dermatologen oder einem Arzt für Traditionelle Chinesische Medizin oder Naturheilkunde sinnvoll sein.

Akne kann viele Ursachen haben, zum Beispiel schlechte Ernährung, Hautpflegeprodukte, Hormone und den natürlichen Hauttyp. Dennoch können wir Pickel mit Zimt behandeln. Akne entsteht, wenn Haarfollikel sich entzünden und die Talgdrüsen verstopfen.[36] Zimt hilft gegen Pickel, weil er Entzündungen hemmt und so dafür sorgt, dass Pickel kleiner und weniger rot aussehen. Zusammen mit rohem Honig und Teebaumöl, die beide eine antibakterielle Wirkung haben, können Sie zu Hause ein wirksames Aknemittel herstellen, das Sie jederzeit anwenden können.

Anti-Pickel-Paste

- 3 EL roher lokaler Honig
- 1 TL Zimtpulver
- 1 Tropfen Teebaumöl

1. Alle Zutaten vermengen, bis eine Paste entsteht.
2. Betroffene Hautstellen mit dieser Mischung einreiben.
3. Die Paste 15 bis 30 Minuten einwirken lassen, dann mit warmem Wasser abwaschen.
4. Mit Ihrer üblichen Gesichtspflege fortfahren.

Hinweis: Bitte testen Sie die selbst gemachten Rezepte zuerst an einer kleinen Stelle an Hals und Arm, um allergische Reaktionen oder Unverträglichkeiten auszuschließen.

Hinweis: Akne- und Pickelbehandlungen können dabei helfen, dass bestehende Akne schneller heilt, sie verhindern aber nicht, dass sich neue Akne bildet.

Reinigungsöl gegen Akne

Haben auch Sie erfolglos einen Reiniger nach dem anderen probiert, der versprach, Ihre Akne zu beseitigen? Genau deshalb sind so viele Anti-Akne-Produkte auf dem Markt. Es ist eben schwer, ein Mittel zu finden, das Ihnen hilft. Und viele Produkte enthalten Chemikalien, die Akne sogar auslösen können.

Aber es gibt tatsächlich Reiniger, die Sie selbst zubereiten können und die Sie im Kampf gegen Akne unterstützen: Ölreiniger. Wenn Sie nie eine Hautreinigung mit Öl probiert haben, kommt

Ihnen diese Methode vielleicht widersprüchlich vor. Schließlich entsteht Akne, weil die Haut zu viel Talg produziert. Warum also sollen Sie ihr noch mehr Fett zuführen?[37]

Die Antwort lautet: Ähnliches löst Ähnliches auf. Wenn hart gewordenes Fett die Poren verstopft (meist in Form von Mitessern), können Pflanzenöle helfen, dieses Fett aufzulösen und die Poren zu reinigen.

Viele Menschen, die an Akne leiden, neigen dazu, ihre Haut übermäßig zu reinigen, weil sie fürchten, dass schmutzige Haut Akne verursacht. Aber wenn Sie Ihr Gesicht zu häufig waschen, entziehen Sie der Haut ihre natürliche Feuchtigkeit und die Folge sind noch mehr verstopfte Poren. Da Fett die Unterhaut feucht hält, kann es helfen, die Talgproduktion ins Gleichgewicht zu bringen und zu regulieren.

Allerdings sind nicht alle Fette gleichwertig. Dermatologen haben gemessen, mit welcher Wahrscheinlichkeit Hautpflegeprodukte die Poren verstopfen. Manche Öle, zum Beispiel Kokosöl, stehen weit oben auf der Liste der Sünder. Andere Öle, etwa Hanfsamenöl, fördern die Bildung von Mitessern viel weniger.[38]

Der folgende selbst gemachte Ölreiniger nutzt unbedenkliche Öle als Grundlage. Er enthält auch ätherisches Zimtöl und Teebaumöl, die Akne bekämpfen und eine antibakterielle Wirkung haben.

Reinigungsöl gegen Akne

- 55 g Hanfsamenöl
- 30 g Rizinusöl
- 15 g Arganöl

- 15 g Jojobaöl
- 5 Tropfen ätherisches Teebaumöl
- 3 Tropfen ätherisches Neroliöl
- 3 Tropfen ätherisches Zimtöl

Alle Zutaten in ein Glasgefäß geben (am besten in ein dunkles Glas) und schütteln, um sie zu vermischen.

Wie Sie das Reinigungsöl anwenden:

1. Massieren Sie etwa ein bis zwei Esslöffel des Reinigungsöls in die Gesichtshaut ein.
2. Mit warmem Wasser abspülen, dann Ihren gewohnten Reiniger anwenden.
3. Zum Schluss Ihre gewohnten Hautpflegeprodukte auftragen.

Fältchen glätten

Wussten Sie, dass Ihre Haut ab einem Alter von 25 Jahren immer weniger Kollagen produziert und dass dieser Vorgang nicht zu verhindern ist? Doch keine Sorge – es ist möglich, die Kollagenbildung im Körper zu steigern. Aber zuerst müssen Sie wissen, was Kollagen ist und warum es wichtig ist.

Kollagen ist ein Protein, das der Körper von Natur aus erzeugt. Es ist in vielen wichtigen Körperteilen enthalten: in den Knochen und Muskeln, in der Haut, in den Zähnen und Nägeln.[39] Der Name ist vom griechischen Wort *kolla* abgeleitet, das »Leim« bedeutet. Dieser Name ist passend, denn Sie können sich das Kollagen als Klebstoff vorstellen, der den Körper zusammenhält.

Zimt fördert die Bildung von Kollagen I in den Fibroblasten der Haut. Diese Zellschicht wird *Dermis* genannt.[40] Ihre Zellen bauen Bindegewebe auf und helfen, Verletzungen zu reparieren. Kollagen ist auch für die Elastizität der Haut wichtig; es verleiht der Haut einen jugendlichen Glanz, weil eine elastische Haut nicht so leicht erschlafft oder Falten bildet.

Zimt und Kollagenpulver unterstützen die Kollagenbildung des Körpers und haben somit eine Anti-Aging-Wirkung.[41]

Haaraufheller

Zimt und Honig enthalten Peroxid, eine Substanz, die Haare heller macht.[42] Im Gegensatz zu kommerziellen Haarfärbeprodukten beraubt ein zimthaltiges Mittel das Haar nicht seiner natürlichen Fette und seines natürlichen, gesunden Glanzes. Zusammen mit den feuchtigkeitsspendenden Zutaten in dieser Mixtur sorgt Zimt für sonnengeküsste Strähnen und für Feuchtigkeit im Haar. Obendrein duftet er angenehm.

Haaraufheller mit Zimt

- 2 EL Zitronensaft
- 1 EL Zimt
- 1 EL Olivenöl oder zerlassenes Kokosöl
- 1 EL natürlicher Honig

Für eine blondere Farbe:

- 5 Beutel Kamillentee (zuerst ziehen lassen)

Für eine rötere Farbe:

- 6–10 EL Henna

1. Alle Zutaten mischen, bis eine maskenähnliche Paste entsteht. Mehr Olivenöl hinzufügen, wenn die Paste zu dick wird.
2. Das Haar gleichmäßig mit dieser Paste bestreichen.
3. Einen hohen Bun machen und die Paste mindestens zwei Stunden einwirken lassen. Wenn möglich, mit einer Duschhaube bedecken. Sie können die Paste auch über Nacht einwirken lassen: Legen Sie in diesem Fall ein Handtuch auf das Kopfkissen, damit es sauber bleibt.
4. Waschen Sie Ihr Haar mit Ihrem gewohnten Shampoo und einer Spülung. Es kann sein, dass Sie zweimal shampoonieren müssen, um die ganze Paste aus dem Haar zu entfernen.
5. Lassen Sie das Haar an der Luft trocknen.

Kreisrunden Haarausfall lindern

Kreisrunder Haarausfall (*Alopecia areata*) ist eine Autoimmunkrankheit, bei der auf dem Kopf, im Gesicht oder an anderen Körperteilen runde, kahle Stellen entstehen. Er kommt bei Menschen jedes Alters, bei Männern und Frauen und bei allen Ethnien vor und betrifft der National Alopecia Areata Foundation zufolge in den USA rund 6,8 Millionen Menschen.[43] Es handelt sich um eine genetisch bedingte Krankheit und beide Elternteile müssen die Gene besitzen, um sie auf ihre Kinder zu übertragen (daher spricht man von einer polygenetischen Krankheit).

Manche Menschen rasieren sich den Kopf und das Gesicht, damit die kahlen Stellen nicht auffallen; andere tragen ein Toupet oder ändern die Frisur so, dass sie die kahlen Stellen verdeckt. Leider gibt es keine Therapie, die allen Betroffenen hilft. Da es eine Autoimmunkrankheit ist, greift das körpereigene Immunsystem die Haarfollikel an und die Haare fallen aus. Es gibt zwei Behandlungsmethoden:

Entweder man unterdrückt das Immunsystem oder man regt das Haarwachstum an. Die amerikanische Gesundheitsbehörde FDA hat allerdings keine Methode und kein Medikament zugelassen.

Es gibt zwar keine ganzheitliche Therapie, die das Immunsystem unterdrücken könnte, aber einige ganzheitliche Verfahren können das Haarwachstum durchaus anregen. Zimtblätterextrakt fördert das Haarwachstum und deshalb könnte ätherisches Zimtöl ein Mittel sein, um den kreisrunden Haarausfall zu behandeln.[44] Das ist eine einfache, billige und ungefährliche Methode, das Wachstum neuer Haare zu stimulieren.

Die folgende Maske für die Kopfhaut und das Haar regt nicht nur die Durchblutung an, sondern nährt dank des Olivenöls, des Honigs und des Eis auch die Haare, die bereits auf dem Kopf wachsen.

Kopfhaut- und Haarmaske

- 2 EL natives Olivenöl extra
- 1 EL Honig
- 2 Tropfen ätherisches Zimtöl
- 1 Ei

1. Das Ei in eine Schüssel schlagen und verrühren.
2. Die restlichen Zutaten dazugeben und gut vermengen.
3. Die Maske auf die Kopfhaut und das Haar auftragen. Ich empfehle, sie in die Haut zu massieren und bis zu den Haarenden aufzutragen.
4. Das Haar mit einer Duschhaube oder einem Plastikbeutel bedecken und die Maske 20 bis 30 Minuten einwirken lassen.
5. Die Maske in der Dusche mit Shampoo auswaschen (vielleicht müssen Sie dafür zweimal shampoonieren) und einen Haarfestiger wie gewohnt anwenden.

Öl für Haarwachstum

Üppiges Haar gilt allgemein als Zeichen für Gesundheit und Schönheit. Schütter werdendes Haar und Haarausfall sind hingegen häufige Probleme, wenn wir älter werden. Der Nordamerikanischen Gesellschaft für Haarforschung zufolge leidet die Hälfte der Frauen im Alter von 50 Jahren an Haarausfall.[45] Frauen nach den Wechseljahren haben nachweislich eine geringere Haardichte (weniger Haare auf dem Kopf) und die Haare wachsen bei ihnen langsamer.[46] Was können wir dagegen tun?

Ätherisches Zimtöl kann helfen! Eine Studie in Indonesien hat nachgewiesen, dass dieses Öl Haarfollikel verlängert und dicker macht und dabei ebenso wirksam ist wie Minoxidil, ein Medikament, das den Haarverlust bei Männern und Frauen verlangsamt und das Haarwachstum stimuliert.[47]

Um Ihrem Haar Feuchtigkeit zu geben und sein Wachstum zu fördern, können Sie ein pflegendes Öl verwenden. Das folgende Rezept kombiniert bestimmte Pflanzenwirkstoffe, die das Haarwachstum anregen, mit ätherischem Zimtöl. Das Ergebnis ist ein duftendes Haarpflegemittel.[48]

Wachstumsförderndes Haaröl

- 20 ml Mandelöl
- 20 ml Olivenöl
- 5 Tropfen ätherisches Zimtöl
- 1 TL Cayennepfeffer

1. Alle Zutaten in einer Tropfflasche vermischen.
2. Einen Tropfer voll in nasses oder trockenes Haar träufeln. Zuerst in die Kopfhaut einmassieren, dann die Haare von den Wurzeln bis zu den Enden behandeln.
3. Mindestens 30 Minuten einwirken lassen, besser noch über Nacht.
4. Am folgenden Tag mit Shampoo ausspülen.

Trockenshampoo

Einerlei, ob Sie Ihr Haar nicht zu oft mit Shampoo traktieren oder ob Sie es nur rasch auffrisieren, aber nicht gründlich waschen wollen, ein Trockenshampoo ist eine gute Lösung. Es absorbiert das Fett im Haar und erfrischt es schnell. Eingeführt wurde es in den 1940er-Jahren. Es bestand aus Bleicherde, einer Tonerde, die Fett absorbiert, ohne aggressiv zu sein (wie Bentonit).[49]

Inzwischen hat das Trockenshampoo eine Entwicklung durchgemacht. Es ist heute als Spray (Aerosol) und als Pulver erhältlich. Die Sprays bestehen hauptsächlich aus Alkohol und Maisstärke oder Tonerde, die Pulver meist aus Tonerde, Talkum und Stärke, ohne Alkohol.[50] Die Stärke hilft, das Fett im Haar zu absorbieren, ohne es übermäßig auszutrocknen. Wenn Sie ätherisches Zimtöl in die Mischung geben (wie im folgenden Rezept), verbessern Sie obendrein die Durchblutung und fördern dadurch die Gesundheit der Kopfhaut.

Trockenshampoo mit Zimt und Kakao

- 40 g Maisstärke oder Pfeilwurzpulver
- 2 EL Kakaopulver (Menge abgestimmt auf Ihre Haarfarbe)
- 4 Tropfen ätherisches Zimtöl

1. Alle Zutaten in einem Glasbehälter vermengen und kräftig schütteln. Wenn Sie dunkles Haar haben, geben Sie langsam mehr Kakaopulver dazu, bis der Farbton Ihrer Haarfarbe ähnelt.
2. Kleine Mengen der Mischung auf die Haarwurzeln auftragen, entweder mit den Fingern oder mit einer Puderbürste.
3. Zwei bis drei Minuten einwirken lassen, dann mit den Fingern oder einer Bürste einmassieren.

Balsam für volle Lippen

Betrachten Sie einmal den Erfolg des Kylie Cosmetics Lip Kit und Sie bekommen einen Eindruck davon, wie beliebt »Schlauchboot-Lippen« sind. Inspiriert von Stars wie Angelina Jolie, Kylie Jenner und Scarlett Johansson, suchen Frauen seit zwei Jahrzehnten nach Methoden, vollere Lippen zu bekommen. Die amerikanische Gesellschaft der plastischen Chirurgen berichtete, dass die Zahl der kosmetischen Lippenvergrößerungen von 2000 bis 2018 um 66 Prozent zugenommen hat.[51]

Es gibt mehrere Methoden, vollere Lippen zu bekommen, sowohl recht billige (Lipgloss zur Lippenvergrößerung) als auch teure (Injektionen). Wenn Sie das Internet durchforsten, treffen Sie sogar auf Teenager, die gefährliche Methoden anwenden (zum Beispiel Schnapsgläser), damit ihre Lippen praller aussehen. Verzichten Sie auf diese Verfahren!

Zimt kann auf ungefährliche Weise dazu beitragen, dass die Lippen einen volleren Eindruck machen. Er enthält Kassiaöl, das die Durchblutung steigert.[52] Wenn Sie ein wenig ätherisches Zimtöl in den Lippenbalsam träufeln, werden die Lippen besser durchblutet. Sie können auch Ihr bevorzugtes Lipgloss benutzen und langsam zwei bis drei Tropfen ätherisches Zimtöl dazugeben. Vermengen Sie die Zutaten gründlich, damit das Zimtöl sich gleichmäßig verteilt.

Balsam für vollere Lippen

- 1 EL Kakaobutter
- 1 EL Bienenwachs
- 1 EL Honig
- ½ EL Sheabutter
- ½ EL Kokosöl
- 5 Tropfen ätherisches Zimtöl

1. Alle Zutaten in einer kleinen, hitzebeständigen Schale vermengen.
2. Improvisieren Sie ein Wasserbad, indem Sie einen Topf Wasser zum Kochen bringen und dann die Schale auf das Wasser setzen (ohne dass es in die Schale fließt).
3. Gut vermischen, bis die Butter geschmolzen ist.
4. In ein kleines Glasgefäß gießen und abkühlen lassen.
5. Nach Bedarf anwenden, wenn Ihre Lippen mehr Feuchtigkeit brauchen und/oder voller aussehen sollen.

Lippenpeeling

Niemand mag trockene, aufgesprungene Lippen. Sie treten vor allem in kalten Wintermonaten auf. Starker Wind, Kälte und trockene Luft fordern ihren Tribut vom Körper und berauben die Haut ihrer Feuchtigkeit.

Ein Peeling hilft, die Lippen von toten Hautzellen zu befreien. Aber die Lippen können trotzdem austrocknen, wenn sie nach einem hochwertigen Peeling nicht ausreichend befeuchtet werden. Die feuchtigkeitsspendenden und dennoch wirksamen Zutaten im folgenden selbst gemachten Lippenpeeling entfernen die abgestorbenen Hautschuppen an den Lippen, und sorgen gleichzeitig dafür, dass die Haut geschmeidig bleibt. Dieses Peeling duftet und schmeckt dank des Zimts nicht nur angenehm (es ist zwar essbar, aber das empfehle ich dennoch nicht), sondern es regt auch die Durchblutung der Lippen an, was sie für kurze Zeit voller wirken lässt.[53]

Zimt-Zucker-Lippenpeeling

- 4 EL brauner Zucker (Bioprodukt)
- 1 EL roher Honig
- 1 EL natives Olivenöl extra oder Avocadoöl oder Vitamin-E-Öl
- 1 EL gemahlener Zimt (Bioprodukt)
- 1 Tropfen ätherisches Vanilleöl (optional)

1. Alle Zutaten in einer Schüssel gründlich vermengen.
2. Zum Aufbewahren in ein Glasgefäß geben (oder in einen alten, sorgfältig gereinigten Lippenbalsam-Tiegel).
3. Eine kleine Menge auf die Lippen auftragen und mit kleinen Kreisen behutsam einmassieren.
4. Mit warmem Wasser abwaschen und trocken tupfen.

5. Zum Schluss einen guten Lippenbalsam auftragen, damit die jetzt weichen Lippen schön befeuchtet bleiben.

Peeling für trockene Haut

Manche Menschen leiden in den kalten Wintermonaten an juckender, trockener, sich schälender Haut (*Xerose*). Wind, Heizungsluft, lange heiße Duschen und Temperaturstürze können die Haut austrocknen.

Bei manchen Menschen ist trockene Haut das ganze Jahr über ein Problem. Wenn wir älter werden, verliert die Haut ihre Fähigkeit, Feuchtigkeit zu speichern. Die Folge ist eine zu trockene Haut.[54] Zum Glück gibt es einfache Lösungen für diese Probleme.

Feuchtigkeitspflege erfolgt von innen nach außen. Deshalb sollten Sie zunächst mehr Wasser trinken; danach können Sie das ändern, was von außen auf Ihre Haut einwirkt: Duschen Sie nicht heiß, sondern warm, und verwenden Sie einen Luftbefeuchter in der Wohnung, besonders im Winter. Ölhaltige Produkte speichern Feuchtigkeit besser als wasserhaltige. Das folgende Zuckerpeeling enthält Kokosöl, das die Haut befeuchtet, während Sie duschen, außerdem Kaffee und Zimt, die die Durchblutung fördern und für angenehmen Duft sorgen, und obendrein Honig, der dazu beiträgt, dass die Haut länger jung aussieht.[55]

Sanftes Peeling ist notwendig, damit die Haut glatt und geschmeidig bleibt, und es entfernt die trockenen Hautzellen, sodass die darunter liegenden neuen Zellen zum Vorschein kommen. Befeuchten Sie die Haut nach dem Duschen mit einer hydrierenden

Creme oder Lotion oder mit einem hydrierenden Öl, um die erneuerte Haut zu schützen!

Süßes Zimt-Zucker-Peeling

- 200 ml Kokosöl, geschmolzen
- 50 g Kokosblütenzucker
- 2 EL Honig
- 1 EL gemahlener Zimt

1. Alle Zutaten in einem Glasbehälter gründlich vermengen.
2. Gut verschließen und nach Bedarf beim Duschen verwenden.

Foundation

Eine Foundation ist sehr nützlich, um die Haut zu glätten, überschüssiges Fett zu absorbieren, Unreinheiten zu verbergen und Rötungen zu verringern. Letztlich ist sie wie eine glatte Leinwand für das restliche Make-up, aber sie sorgt auch allein für einen natürlichen Glanz.

Foundations werden seit vielen Jahrhunderten benutzt, doch viele waren giftig. Im alten Griechenland und Rom, aber auch im Mittelalter und im elisabethanischen Zeitalter verwendeten Frauen eine Foundation mit gefährlichem Blei, um ihre Haut aufzuhellen. Frauen, die ihr Gesicht mit dieser Mischung behandelten, litten an Nebenwirkungen wie Zahnfäule und Haarausfall; manche starben sogar.[56]

Im Laufe der Zeit veränderte sich die Rezeptur und wurde weniger toxisch; doch es gab nicht viele Farbtöne und die Inhaltsstoffe blieben fragwürdig. Zur selben Zeit wie die Hollywood-

Farbfilme wurde Puderfoundation eingeführt. Es sollte für ein natürlicheres Aussehen sorgen und bestand aus Ölen und getrockneten, fein gemahlenen Pigmenten. Damals wurden auch flüssige Foundations für die Beine entwickelt.[57]

Heute können Sie Foundations, Puder, Cremes und sogar Stifte zum Grundieren kaufen. Jeder Typ hat seine eigenen Vorteile und alle decken die Haut in unterschiedlichem Ausmaß ab. Viele beliebte Marken enthalten immer noch giftige Stoffe (weniger gefährlich als Blei, trotzdem schädlich) sowie solche, die die Poren verstopfen, zum Beispiel Mineralöl. Zudem bieten viele Marken nur eine geringe Auswahl an Farbtönen an, die zum natürlichen Farbton der Haut passen.

Da die Haut alles absorbiert, was Sie auf sie auftragen, ist es wichtig, nur die reinsten Zutaten zu verwenden.[58] Wenn Sie Unreinheiten oder fettige oder gerötete Stellen abdecken möchten, aber keine kommerziellen Produkte verwenden wollen, ist das folgende Rezept genau das Richtige für Sie. Dieser Puder ist so rein, dass Sie ihn essen können, wenn Sie wollen (ich rate aber davon ab, weil er nicht gut schmeckt). Der Kakao liefert Farbe, der Zimt hat eine Tiefenwirkung und verbessert die Durchblutung.

Puderfoundation

- 2 EL Zinkoxid oder Pfeilwurzmehl (in Geschäften für Backbedarf und im Internet erhältlich)
- 2 EL Pfeilwurzmehl
- 2 EL ungesüßtes Bio-Kakaopulver (Menge von Hautton abhängig)
- 2 TL Tonpulver (optional, aber ich empfehle Bentonit, Kaolin oder französische grüne Tonerde, die alle Öl absorbieren)
- ½ TL gemahlener Bio-Zimt (Menge von Hautton abhängig)

1. Alle Zutaten außer dem Kakaopulver und dem Zimt vermengen.
2. Das Kakaopulver und den Zimt langsam hineingeben, bis die Mischung Ihrem Hautton sehr ähnlich ist.
3. Gut schütteln und in einem luftdichten Behälter aufbewahren.
4. Mit einem großen Foundationpinsel auftragen.

Bronzer

Ein Bronzer schenkt Ihnen sogar im Winter einen Anflug von Sonnenbräune und ist hilfreich, wenn Sie Ihr Gesicht konturieren wollen. Das Konturieren – die Kunst, bestimmte Gesichtszüge mit Make-up zu betonen oder unauffälliger zu machen – wurde durch Stars wie die Kardashians bekannt, aber es entstand schon Jahrzehnte früher in der Drag-Szene.[59]

Um das Gesicht gut zu konturieren, brauchen Sie ein Produkt, das dunkler ist als Ihre Hautfarbe. Hier kommt der Bronzer zu Hilfe. Zum Konturieren sollten Sie ihn aber nur verwenden, wenn er matt ist (wie die folgende Version). Schimmernde Bronzer verleihen der Haut einen sonnengeküssten Glow, während ein matter Bronzer beim Konturieren Schatten im Gesicht erzeugt.

Wie viele andere Kosmetika gibt es verschiedene Arten von Bronzer: Cremes, Gele, losen Puder und Kompaktpuder. Loser Puder sieht meist am natürlichsten aus und ist am einfachsten zu mischen. Das folgende Rezept verwendet natürliche Zutaten. Ungesüßtes Kakaopulver macht den Bronzer dunkler, Zimt und Muskat machen das Gesicht plastischer.

Bronzer mit Zimt und Kakao

- 1 EL Bio-Maisstärke oder Bio-Pfeilwurzmehl
- 1½ EL ungesüßtes Bio-Kakaopulver (Menge an den Farbton Ihrer Haut angepasst)
- 1 TL (oder weniger) Bio-Zimtpulver
- 1 TL (oder weniger) Bio-Muskatpulver

1. Maisstärke oder Pfeilwurzmehl in eine Schüssel geben.
2. Das Kakaopulver langsam hineingeben, bis der Farbton Ihren Wünschen entspricht. Ich empfehle, die Farbe einem alten Bronzer oder einem Muster aus dem Kosmetikgeschäft anzugleichen.
3. Sobald die gewünschte Farbe erreicht ist, Zimt und Muskat in winzigen Mengen dazugeben, um die Farbe abzurunden.
4. Den Bronzer in einem alten, gesäuberten Make-up-Tiegel oder in einem Glasgefäß aufbewahren.
5. Mit einem weichen Pinsel nach Wunsch auftragen.

So konturieren Sie mit einem Bronzer:

1. Um die Wangenknochen zu betonen, die Lippen einsaugen und ein »Fischgesicht« formen. Dadurch entstehen Mulden unter den Wangen, die die Wangenknochen zwingen, weiter hervorzustehen.
2. Den Bronzer in diesen Mulden auftragen. Da er dunkler ist als der natürliche Farbton der Haut, erzeugt er die Illusion von Schatten unter den Wangenknochen, sodass die Wangen plastischer – schmaler oder kantiger – aussehen.
3. Sie können auch den Hals und die Seiten des Gesichts mit Selbstbräuner einpudern, damit das Gesicht dünner wirkt.

Zahnaufheller

Gute Mundhygiene ist nicht nur wichtig für frischen Atem; sie beugt auch Krankheiten vor und schützt die Gesundheit des ganzen Körpers. Schlechte Zahnhygiene wird mit verschiedenen Krankheiten in Verbindung gebracht, zum Beispiel mit Schlaganfällen, Diabetes und Demenz. Dr. Peter Alldritt, der Vorsitzende des Komitees für Mundgesundheit der Australischen Gesellschaft für Zahnheilkunde, erklärt, dass »Bakterien aus dem Mund im Blutstrom weiterwandern und irgendwo in den Blutgefäßen des Herz-Kreislauf-Systems Entzündungen auslösen können«.[60]

Deshalb ist es unerlässlich, die Zähne mindestens zweimal täglich zu putzen, damit der Mundraum gesund bleibt. Aber es ist auch wichtig, womit Sie die Zähne reinigen. Die meisten kommerziellen Zahncremes enthalten Sulfate, Gummi, künstliche Aromastoffe, Süßstoffe und Bindemittel, die die Zahncreme wohlschmeckend machen sollen. Während Sie die Zähne bürsten, verschlucken Sie wahrscheinlich ein wenig Zahncreme, die dann direkt in den Körper gelangt!

Der Zahnarzt Thomas P. Connelly erklärt: »Je natürlicher die Zahncreme ist, desto besser.« Wir können von den Chinesen lernen, die um 500 v. Chr. als Erste eine gut schmeckende Zahncreme herstellten, indem sie ihr Salz und Kräuter wie Ginseng und Minze beimischten.[61]

Diese folgende, selbst gemachte Zahncreme enthält Kokosöl, das antibakteriell wirkt, sowie Backnatron, das die Zähne aufhellt, aber den Zahnschmelz wenig angreift, und ätherisches Zimtöl, das Pilze bekämpft.[62]

Aufhellende Zahncreme mit Zimt

- 4 EL Bio-Kokosöl, geschmolzen
- 4 EL Backnatron
- 1 EL Xylit-Pulver oder Stevia (optional; wenn gewünscht, weniger)
- 15 Tropfen ätherisches Zimtöl
- 10 Tropfen ätherisches Pfefferminzöl
- 3 Tropfen Teebaumöl

1. Alle Zutaten gründlich vermengen.
2. In einem Glasbehälter an einem kühlen Platz aufbewahren und nach Bedarf anwenden.

Körpercreme gegen Cellulite

Wenn Sie an Ihrem Körper unebene und dellige Partien finden, sind Sie nicht allein. Die Ursache ist Cellulite, an der ungefähr 80 bis 90 Prozent aller Frauen irgendwann im Leben leiden.[63]

Cellulite wird vom Druck des Unterhautfettgewebes auf die Faszien (netzartiges Bindegewebe) verursacht. So entsteht der Eindruck einer »Orangenhaut« mit Dellen.

Einem weit verbreiteten Missverständnis zufolge geht Cellulite mit Übergewicht einher; aber das ist nicht immer der Fall. In Wirklichkeit können Menschen jedes Körpertyps Cellulite bekommen, sogar sehr dünne Menschen. Die Gene spielen eine große Rolle, was die Entwicklung der Cellulite und die betroffenen Körperstellen anbelangt. Zum Beispiel haben nur etwa zehn Prozent der Männer Cellulite.[64] Das liegt daran, dass das Bindegewebe des Mannes anders aufgebaut ist als das der Frau, sodass die Cellulite es bei Männern schwerer hat.

Es gibt zwar keine Heilung für Cellulite, wohl aber Methoden, die sie unauffälliger machen. Zu diesen Methoden gehören Behandlungen zu Hause, Cremes, Peelings sowie medizinische Verfahren wie Lichttherapie, Kryolipolyse *(CoolSculpting)* und Chirurgie.[65] Market Watch USA erwartet, dass der Markt für Cellulite-Behandlungen im Jahr 2024 einen Wert von zwei Milliarden Dollar übersteigen wird.

Sie können einige Maßnahmen treffen, um einer Cellulite vorzubeugen, ohne dass es zu viel kostet. Eine davon ist gesunde Haut: Wenn Ihre Haut elastisch bleibt, ist eine Cellulite bisweilen weniger auffallend. Auch gesunde Durchblutung wirkt präventiv. Da Zimt die Durchblutung fördert, hilft Ihnen die selbst gemachte Creme (siehe unten) nicht nur, eine feuchte und gesunde Haut zu behalten, sondern sie kurbelt auch den Kreislauf an.

Fluffige Körpercreme gegen Cellulite

- 220 g kalt gepresstes Kokosöl
- 5 Tropfen ätherisches Orangenöl
- 5 Tropfen ätherisches Grapefruitöl
- 5 Tropfen ätherisches Zimtöl

1. Das Kokosöl in eine große Schüssel gießen. Mit einem Rührbesen oder mit einem elektrischen Mixer gründlich vermengen, bis das Kokosöl hell und aufgeschlagen ist.
2. Die ätherischen Öle hineingeben und weiter umrühren, bis die Öle gleichmäßig verteilt sind.

In ein Glasgefäß löffeln und bis zum Gebrauch an einem kühlen, dunklen Platz aufbewahren.

Anti-Cellulite-Peeling

Eine umfassende Anti-Cellulite-Kur ist auch zu Hause möglich. Sie kann Cellulite zwar nicht heilen, wohl aber lindern. Außerdem verschafft sie Ihnen etwas Zeit für sich selbst.

Bevor Sie ein Peeling in der Dusche anwenden, sollten Sie die Haut zuerst trocken abbürsten. Dadurch kurbeln Sie den Kreislauf an und entfernen tote Hautzellen. Die amerikanischen Ureinwohner und die Griechen praktizieren diese Methode seit Jahrhunderten.[66]

Das folgende Körperpeeling mit Zimt und Koffein ist noch wirksamer. Koffein ist in Cellulite-Peelings beliebt, weil es die Fettzellen entwässert, sodass sie weniger auffallen.[67] Zimt fördert die Durchblutung zusätzlich, strafft die Haut und verbirgt die Cellulite ein wenig.

Trocknen Sie sich nach dem Duschen ab und reiben Sie die Fluffige Körpercreme mit Zitrusölen und Zimt für den Kampf gegen Cellulite (siehe oben) in die Haut ein, damit die frisch gepeelte Haut feucht und straff bleibt.

Anti-Cellulite-Peeling mit Koffein

- 100 g kalt gepresstes Kokosöl
- 90 g Kaffeepulver (frisch oder als Kaffeesatz; Kaffeesatz ist billiger)
- 3 EL grober Zucker (ich empfehle Turbinado- oder Kokosblütenzucker)
- 5 Tropfen ätherisches Zimtöl
- 2 Tropfen ätherisches Weihrauchöl

1. Alle Zutaten in einer großen Schüssel vermengen.
2. In ein sauberes Glasgefäß löffeln und bis zum Gebrauch an einem kühlen, trockenen Platz aufbewahren.

Wohlfühl-Badesalz

Viele Menschen halten Bäder für Luxus – und das aus gutem Grund. Es kann unglaublich entspannend sein, in einer Badewanne mit warmem Wasser (und vielleicht sogar mit Badeschaum) zu liegen. Mehr können Sie sich kaum verwöhnen. Sie haben Zeit zu lesen, ein Nickerchen zu machen, Wein zu trinken, eine Gesichtsmaske zu tragen – oder alles auf einmal.

Aber ein Bad kann mehr sein als eine entspannende Aktivität. Sportler, vor allem Läufer, verwenden seit vielen Jahren Bittersalz (Magnesiumsulfat). Seine natürlichen Mineralien haben viele Vorteile. Ein Bad mit Bittersalz im Wasser lindert Magnesiummangel, Erkältungen und Muskelschmerzen, zudem verbessert es den Schlaf.[68]

Leider sind Badesalze bisweilen teuer, besonders wenn Sie köstlich duftende Marken bevorzugen. Aber die gute Nachricht lautet: Es ist ziemlich leicht, Ihr eigenes Badesalz zu kreieren! Das folgende Rezept verschafft Ihnen ein behagliches, luxuriöses und gut duftendes Badeerlebnis, das entspannt und Muskelschmerzen mit dem Wasser wegspült.

Badesalz für ein behagliches und luxuriöses Bad

- 350 g grobes Meersalz
- 350 g Bittersalz
- 30 g getrocknete Rosenblütenblätter (optional)
- 2 EL gemahlener Zimt
- 5 Tropfen ätherisches Zimtöl
- 5 Tropfen ätherisches Nelkenöl
- 5 Tropfen ätherisches Vanilleöl

1. Alle Zutaten gleichmäßig vermischen.
2. In einem Glasbehälter aufbewahren.

Anwendung:

1. Zwei bis drei Esslöffel des Badesalzes ins warme oder heiße Wasser geben, während es einfließt.
2. Hineinsteigen, zurücklehnen und genießen!

Seifenpeeling

Seife ist keineswegs eine moderne Erfindung. Die alten Babylonier stellten schon im Jahr 2800 v. Chr. Seife her. Sie bestand aus Fetten gemischt mit Asche, und wurde vor allem verwendet, um Wolle zu reinigen, bevor daraus Tücher gewoben wurden.[69] Im Jahr 1550 v. Chr. hatten die alten Ägypter eine ähnliche Idee: Sie mischten tierische und pflanzliche Öle mit Alkalisalzen, um Seife herzustellen.

Spätere Kulturen machten ebenfalls Seife aus Öl, Fett und Salz. Im Gegensatz zu unseren heutigen Seifen wurden diese Seifen jedoch verwendet, um das Haus oder Haushaltsgegenstände wie Geschirr zu reinigen, nicht den Körper.

Heute gibt es viele verschiedene Seifen: Rasierseife, Handseife, Körperseife, Gesichtsseife – die Liste ist schier endlos. Zwar hat die Einführung von Waschgelen die Beliebtheit von Seifenstücken ein wenig verringert, aber sie gehören immer noch zu den nützlichen Reiseutensilien, die für etwas Luxus sorgen, wenn wir unterwegs sind.

Das folgende Rezept verbindet Zimt für die Durchblutung mit Hafermehl für das Peeling. Das Ergebnis ist eine angenehm duftende Seife, die Sie selbst verwenden oder verschenken können.

Hauterneuernde Seife mit Zimt und Hafermehl

- 110g–130g Seifenbasis mit klarem Glycerin (online erhältlich)
- 20g Haferflocken
- 2 EL Olivenöl
- 2 EL Wasser
- 1 EL gemahlener Zimt

1. Das Seifenstück in gleich große Würfel schneiden und in 30-Sekunden-Abständen in der Mikrowelle zum Schmelzen bringen. In jeder Pause umrühren, um Klumpen zu beseitigen.
2. Die Seife nach dem Schmelzen ein wenig abkühlen lassen, dann Olivenöl, Wasser, Haferflocken und Zimt hinzugeben.
3. Die Zutaten ein bis drei Minuten verrühren (oder bis die Mischung dick zu werden beginnt).
4. Die Seife in eine Seifenform oder in einen umfunktionierten leeren Behälter gießen.
5. Die Seife aus der Form holen, an einem trockenen, kühlen Platz aufbewahren und innerhalb von drei Monaten verbrauchen.

Badebomben

Haben Sie schon einmal eine Alka-Seltzer-Tablette in ein Glas Wasser geworfen? Oder eine andere Tablette in einer Flüssigkeit aufgelöst? Wenn ja, wissen Sie, wie eine Badebombe (auch Bade- oder Sprudelkugel genannt) funktioniert.

Diese regenbogenfarbenen Kugeln wurden um 2010 populär, weil sie aus dem Baden ein Vergnügen machen. Man wirft sie ins Wasser, wo sie sich auflösen und verschiedene Farben und Düfte freisetzen. Das Natriumbikarbonat (Backnatron) in der Badebombe reagiert mit der Zitronensäure (oder wie im folgenden Rezept mit dem Weinstein) und gibt Kohlendioxid ab. Dann zischt die Bombe und löst sich auf.[70]

Sie können eine Badebombe selbst zu Hause herstellen und in Ihr nächstes Vollbad geben! Sie ist auch ein hübsches selbst gemachtes Geschenk, vor allem wenn Sie Lebensmittelfarben verwenden, damit Ihre Bomben bunt werden.

Luxuriöse Badebomben

- 10 g getrockneter Lavendel
- 2 EL Backnatron
- 1 EL Maisstärke
- 1 EL Bittersalz
- ½ EL Weinstein (Kaliumbitartrat) oder Zitronensäure
- ½ TL Vanilleextrakt
- ¼ TL Färberdistelöl
- 2 Tropfen ätherisches Zimtöl
- Lebensmittelfarben (optional, flüssig ist okay, aber ich empfehle Pulver)

1. Vanilleextrakt, Färberdistelöl und Zimtöl in einer kleinen Schüssel vermengen. Flüssige Lebensmittelfarben mit den anderen flüssigen Zutaten vermischen.
2. Trockene Zutaten und trockene Lebensmittelfarben in einer Schüssel vermengen.
3. Die feuchten Zutaten langsam in die Schüssel mit den trockenen gießen.
4. Umrühren, bis die Mischung zu verklumpen beginnt.
5. Die Mischung in eine Silikon- oder Plastikform löffeln (Sie können auch eine Eiswürfelschale oder Törtchenformen verwenden).
6. Die Mischung mit einem Löffel festdrücken.
7. Die Badebomben vor der Anwendung zehn Stunden trocknen lassen.
8. Falls Sie die Badebomben zunächst aufbewahren wollen, sollten sie mindestens 24 Stunden trocknen.

Fußpeeling

Das Gesicht verwöhnen wir regelmäßig mit einem Peeling – aber was ist mit dem Rest des Körpers, mit den Füßen zum Beispiel? Um sie kümmern wir uns oft weniger, schließlich befinden sie sich ganz unten am Körper, sodass wir sie selten aus der Nähe betrachten.

Aber sie müssen so viel leisten! Sie tragen uns im täglichen Leben umher, werden in unbequeme Schuhe gezwängt und trocknen im Sommer am Strand aus. Unsere Füße machen so viel durch.

Deshalb weisen sie oft Abnutzungssymptome auf. Viele Menschen haben rissige Fersen, Schwielen oder trockene, raue Haut an den Füßen. Risse können tiefer werden und schmerzen, bisweilen entzünden sie sich sogar.

Um das zu verhindern und die Füße weich und gesund zu erhalten, sollten Sie Peelings verwenden, um tote Hautzellen zu entfernen.[71] Dafür gibt es verschiedene Methoden. Chemische Peelings sind meist am wirksamsten; sie weichen die tote Haut auf, sodass man sie mit einer Hornhautfeile oder einem Peeling entfernen kann. Das folgende Peeling verwendet Aspirintabletten, um das Lösen der toten Hautzellen zu erleichtern. Es enthält Zimtöl, das die Haut von Bakterien befreit. Sorgen Sie nach dem Peeling dafür, dass die Füße sauber sind und die Haut gut befeuchtet ist. Reiben Sie die jetzt weichen Füße mit einer dicken Schicht Balsam ein und tragen Sie Socken aus natürlichem Material, damit die Haut feucht bleibt.

Fußpeeling mit Babyhaut-Effekt

- 6–8 Aspirintabletten
- 2 EL Zitronensaft
- 2 EL Wasser
- 2 Tropfen ätherisches Zimtöl

1. Die Aspirintabletten in eine Schüssel geben und gründlich zerdrücken.
2. Die restlichen Zutaten gut einrühren.
3. Die Fußsohlen mit der Paste einreiben, auch Risse in der Haut.
4. Die Füße fest in Plastikfolie einhüllen.
5. Ein dickes Paar Socken über der Plastikfolie anziehen und die Paste mindestens eine Stunde einwirken lassen.
6. Die Füße mit warmem Wasser waschen und trocken tupfen. Dabei Hautteilchen entfernen, die abzuschuppen beginnen.

7. Feuchtigkeitsbalsam oder Kokosöl dick auf die Füße auftragen, dann saubere dicke Socken anziehen, damit die Feuchtigkeit in der Haut bleibt.
8. Es ist normal, wenn die Haut in den folgenden Tagen weiter abschuppt. Sie sollte gut befeuchtet bleiben.

Braune Haut ohne Sonne

Sie wünschen sich eine gesunde Bräune, ohne am Strand oder auf der Bank im Sonnenstudio zu liegen? Das ist verständlich, weil UV-Strahlen der Haut schaden können, zum Beispiel durch Sonnenbrand. Wussten Sie aber, dass jede Bräune die Folge einer geschädigten DNA ist? Zu intensive UV-Bestrahlung kann zudem ein Karzinom (Hautkrebs) verursachen.[72]

Das kann eine selbst gemachte Lotion verhindern, die die Haut ohne Sonnenstrahlen oder Solarium bräunt. Sie enthält Kakaopulver und Zimt, um einen Bronzeton zu erzeugen und die Haut obendrein feucht zu halten.

Bräunungslotion

- 225 g einfache Körperlotion
- 30 g reines Kakaopulver, kein Instantpulver (Menge angepasst an Ihren Hautton)
- 1 EL Maisstärke oder Pfeilwurzmehl
- 1 TL Zimt
- 1 TL Glimmerpuder (optional, für den Schimmer)

1. Kakao, Maisstärke oder Pfeilwurzmehl und Zimt in einer kleinen Schüssel gut vermengen.
2. Um eine intensivere Farbe zu erzielen, mehr Kakaopulver dazugeben, bis der gewünschte Farbton erreicht ist.
3. Den Glimmerpuder einrühren, wenn Sie eine schimmernde Bräunungslotion bevorzugen.
4. Alle Zutaten gut in die Körperlotion einrühren (wenn nötig, mit einem Rührbesen, um eine gleichmäßige Mischung zu erreichen).
5. Nach Bedarf anwenden.

3
Gesund und munter mit Zimt

Pastillen für den Hals

Plagt Sie ein Schnupfen? Zimt ist eines der Gewürze, die bei Erkältungen am wirksamsten sind. Er enthält reichlich Antioxidantien und lindert Schmerzen.[73] Der Zimt im folgenden Rezept lindert Halsbeschwerden und dank der anderen natürlichen Bestandteile sind die Pastillen gesünder als kommerzielle Halstabletten.

Die meisten Halstabletten enthalten eine Menge Zucker und verarbeitete Zutaten, die eine Genesung sogar verzögern können. Außerdem sind in den meisten Präparaten Verbindungen enthalten, die Benommenheit auslösen und es Ihnen schwer machen, Ihren Alltag zu bewältigen. Obendrein sind die aktiven Verbindungen Amylmetakresol und Dichlorobenzylalkohol (die Bestandteile der meisten frei verkäuflichen Halstabletten sind) nachweislich unwirksam gegen Viren.[74]

Unsere selbst gemachten Halspastillen enthalten natürliche Bestandteile, die Halsschmerzen lindern und Bakterien bekämpfen: Manuka-Honig hat eine starke antibakterielle Wirkung.[75] Zimt wirkt ebenfalls gegen Bakterien.[76] Ingwer und Salbei regen das

Immunsystem an[77] und Eukalyptusöl hat eine kühlende Wirkung (ähnlich wie das Menthol in Medikamenten).

Zimt-Honig-Halspastillen

- 250 ml Wasser
- 150 g Manuka-Honig
- 65 g Rohzucker
- 1 daumengroßes Stück frischer Ingwer, geschält und in große Stücke gehackt
- 1 Zimtstange
- 1 Bund frischer Salbei
- 1 Zitrone
- 2–4 Tropfen ätherisches Eukalyptusöl (optional)

1. Ingwer, Zimt, Salbei und Wasser in einem mittelgroßen Topf bei starker Hitze zum Kochen bringen, dann zudecken und bei schwacher Hitze 10 bis 15 Minuten köcheln lassen.
2. Während das Wasser köchelt, die Zitronenschale (ohne den weißen Teil darunter) reiben, dann die Zitrone halbieren und den Saft in eine kleine Schüssel pressen.
3. Ingwer, Zimt und Salbei aus dem Wasser holen. Honig, Zucker, Zitronensaft und Zitronenabrieb ins Wasser geben und verrühren, bis der Honig und der Zucker sich gelöst haben. Dann die Mischung bei starker Hitze zum Kochen bringen.
4. Achten Sie genau darauf, wann die Mischung gar ist: Das Wasser beginnt zu verdampfen und die Mischung wird gold- bis karamellfarben oder ein Zuckerthermometer zeigt 150 °C an.
5. Die Flüssigkeit vorsichtig in eine Silikonform gießen und bei Zimmertemperatur mindestens zwei Stunden abkühlen lassen.
6. Aus der Form holen. Wachspapier oder Bienenwachs-Wraps in 15 mal 15 Zentimeter große Quadrate schneiden, die Hus-

tenpastillen hineinlegen und gut verpacken. Wenn gewünscht, die Wraps in Alufolie verpacken.

7. An einem kühlen, dunklen Platz aufbewahren und nach Bedarf genießen!

Selbst gemachter Hustensaft

Hartnäckiger Husten ist im Winter ein häufiges Symptom bei Erkältungen. Einerlei, ob Sie trockenen Husten oder eine Halsentzündung lindern wollen, ist Hustensaft wahrscheinlich das beste Mittel. Rezeptfreie Hustensäfte und Hustenstiller können Benommenheit hervorrufen und enthalten oft Dextromethorphan, das bei zu hoher Dosis eine psychedelische Wirkung hat.[78] Der folgende Hustensaft enthält nur natürliche Zutaten, die den Husten lindern, ohne dass Sie schläfrig werden oder Chemikalien einnehmen müssen.

Rohhonig lindert Halsschmerzen, weil er Bakterien und Entzündungen bekämpft.[79] Apfelessig, Zitrone und Cayennepfeffer helfen, Schleim aus dem Rachen zu entfernen (das lindert auch schleimigen Husten), und Zimt tötet Erkältungsviren ab, die den Husten verursacht haben.

Zimt-Apfelessig-Hustensaft

- 1 l Wasser
- 300 g roher Honig aus der Region
- 60 ml Zitronensaft (frisch oder aus der Flasche)
- 2–3 cm großes Stück Ingwer (oder 3 EL Ingwerpulver; aber frischer Ingwer ist besser)
- 2 EL Apfelessig
- 1 EL Zimtpulver
- 1 TL Cayennepfeffer

1. Das Wasser zum Kochen bringen, dann köcheln lassen.
2. Alle Zutaten köcheln lassen, bis das Volumen sich halbiert hat.
3. Durch ein Käsetuch oder ein feines Netzsieb abseihen.
4. In einem Glasgefäß bis zu zwei Monate im Kühlschrank aufbewahren und nach Bedarf ein bis zwei Löffel entnehmen.

Hühnersuppe als Medizin

Hühnersuppe mit Nudeln ist eine beliebte Arznei bei Erkältungen. Die Brühe trägt dazu bei, dass Sie hydriert bleiben (Wassermangel verlangsamt die Genesung) und das Hühnchenfleisch liefert leicht verdauliches Eiweiß, das die Immunabwehr unterstützt und Baumaterial für die Knochen, die Muskeln, die Haut und das Blut enthält.[80]

Dieses alte chinesische Rezept hebt eine normale Hühnersuppe dank seiner heilenden Wirkung auf eine höhere Ebene. Es verbindet Kräuter, die häufig in der Traditionellen Chinesischen Medizin verwendet werden, mit selbst gemachter Knochenbrühe. Und es ist einfacher, als Sie denken – Sie brauchen nur ein Huhn zu kochen! Die Zutaten bekämpfen Erkältungssymptome und fördern die Genesung.

Heilende chinesische Seidenhuhnsuppe

- 1,5 l Wasser
- 30 g getrocknete Goji-Beeren
- 30 g Jujube-Früchte
- 6 getrocknete Shiitake-Pilze
- 4 Stücke Astragaluswurzel, in dünne Scheiben geschnitten
- 3 Stücke Chinesische Engelwurz (Dong Quai), in dünne Scheiben geschnitten

- 1 Seidenhuhn (oder ein normales Huhn)
- 1 Süßkartoffel oder eine chinesische Yamswurzel
- 1 daumengroßes Stück Ingwer
- 1 Zimtstange

1. Pilze, Astragaluswurzel und Engelwurz 30 Minuten in einer Schüssel Wasser einweichen, dann abseihen.
2. Während diese Zutaten einweichen, die Süßkartoffel in Scheiben und den Ingwer in dünne Scheiben schneiden.
3. Das Wasser in einen großen Topf gießen, das Huhn hineinlegen und zum Kochen bringen.
4. Alle Zutaten ins kochende Wasser geben, dann nur noch köcheln lassen.
5. 30 bis 40 Minuten köcheln lassen, bis die getrockneten Jujube-Früchte weich sind und das Hühnchenfleisch von den Knochen fällt.
6. Mit Salz abschmecken und genießen.

Immunsystem-Booster

Das Immunsystem ist die erste Verteidigungslinie des Körpers gegen Eindringlinge wie Bakterien, Viren, Pilze und so weiter. Ein gesundes Immunsystem ist nicht nur imstande, die normalen Körperzellen zu erkennen, sondern es identifiziert auch kranke oder gefährliche Zellen und nutzt dabei natürliche Alarmsignale.[81]

Alle Zellen des Immunsystems entwickeln sich im Knochenmark; aber sie reifen in verschiedenen Körperteilen: in der Haut, im Blut, im Thymus, im Lymphsystem und in der Milz. Wenn wir älter werden, beginnt das Immunsystem schwächer zu werden. Deshalb neigen ältere Menschen eher zu Krankheiten und es fällt ihnen schwerer, diese abzuwehren.

Darum ist ein starkes Immunsystem so wichtig: Es schützt Sie vor Krankheiten und macht Sie weniger anfällig für schwere Symptome, falls Sie doch einmal krank werden.

Es gibt verschiedene Methoden, das Immunsystem zu stärken. Am wichtigsten ist eine gesunde Lebensweise. Das bedeutet, nicht rauchen und reichlich Obst und Gemüse essen. Weitere Grundregeln, wie wir sie im Kapitel über den Cholesterinspiegel (Seite 126) besprechen werden, gelten auch hier: Treiben Sie regelmäßig Sport, schlafen Sie ausreichend, trinken Sie Alkohol in Maßen und achten Sie auf ein gesundes Gewicht.

Zweitens: Bauen Sie Stress ab. Wissenschaftler sind der Meinung, dass ein hoher Stresspegel das Immunsystem stark belastet. Wir wissen, dass Stress alles beeinflusst, vom Gewicht über die Schlafqualität bis zur Stimmung. Es ist zwar schwierig, Stress im Labor zu messen, aber Stressabbau wird allgemein empfohlen.

Wenn das Immunsystem stark belastet ist, zum Beispiel bei Schnupfen, Grippe oder einer globalen Pandemie, ist es sinnvoll, das Immunsystem mit Kräutern und Gewürzen zu unterstützen. Zimt ist besonders nützlich, weil er nicht nur Antioxidantien enthält, sondern auch das Immunsystem aktiviert.[82] Es hat seinen Grund, dass Zimt im Winter so gut schmeckt: Schnupfen und Grippe haben Hochsaison und das Immunsystem braucht zusätzliche Unterstützung. Probieren Sie diesen selbst gemachten Sirup, damit Ihr Immunsystem stark bleibt:

Ingwer-Holunderbeeren-Zimt-Sirup für ein starkes Immunsystem

- 240 ml Wasser
- 200 ml Holunderbeerensirup (oder 200 g getrocknete oder frische Holunderbeeren; für frische Beeren brauchen Sie aber dreimal so viel Wasser und Honig)
- 75 g Honig
- 2 Zimtstangen
- 1 großes Stück Ingwer

1. Alle Zutaten außer dem Honig in einer kleinen Schüssel vermengen.
2. Zudecken und 30 bis 60 Minuten köcheln lassen.
3. Vom Herd nehmen und durch ein Käsetuch abseihen, um den Sirup zu gewinnen.
4. Den Honig dazugeben und gut vermischen.
5. Die Mischung in eine Glasflasche gießen und jeden Tag einen oder zwei Löffel essen oder nach Bedarf anwenden.

Selbst gemachtes Mundwasser

Zähne putzen, Zahnseide, Mundwasser – das ist die übliche Mundhygiene. Mundwasser, der letzte Schritt, ist wichtig, weil er nicht nur den Atem erfrischt, sondern auch hilft, Zahnbelag, Zahnfleischentzündung und Karies zu verhindern.[83] Wenn das Zahnfleisch nach der Anwendung der Zahnseide blutet, ist das Mundwasser noch wichtiger, weil es zur Desinfektion des Mundes beiträgt.

Sie können eine Menge Geld sparen, wenn Sie Ihr Mundwasser selbst herstellen. Dank des Zimtes und des Teebaumöls (beide enthalten natürliche antibakterielle Substanzen) sowie des Backnatrons (die Grundlage vieler natürlicher Mundwässer) schmeckt dieses billige selbst gemachte Mundwasser wunderbar und hilft, die Vermehrung von Bakterien einzudämmen, den Zahnschmelz zu remineralisieren und Karies zu lindern.[84]

Mundwasser

- 500 ml destilliertes Wasser (oder gekochtes und abgekühltes Wasser)
- 1 EL Backnatron
- 1 TL Meersalz
- 2 Tropfen ätherisches Zimtöl
- 1 Tropfen Teebaumöl

1. Alle Zutaten in einem Glasgefäß gut vermischen.
2. Nach Bedarf einen Esslöffel entnehmen. Vorher gründlich schütteln.

Selbst gemachte Ölzieh-Mischung

Dieses uralte Verfahren verringert Plaque, Zahnfleischentzündung, schlechten Atem und Pilzbefall im Mund. Ayurvedischen Texten zufolge eignet sich das Ölziehen für die Vorbeugung und Behandlung von mehr als 30 Krankheiten, von leichten Beschwerden – Kopfschmerzen, Migräne, Ekzemen und anderen – bis zu potenziell tödlichen Leiden wie Thrombosen, Diabetes und Asthma.[85] Die Fettsäuren im Öl binden Pilze im Mund, sodass Sie diese mit dem Öl einfach ausspucken können.

Ölziehen ist in den letzten Jahren zusammen mit dem Ayurveda und der ganzheitlichen Medizin beliebter geworden. Man kann Präparate zum Ölziehen kaufen, die aus Trägerölen und ätherischen Ölen bestehen; aber Sie können für einen Bruchteil der Kosten Ihr eigenes Öl herstellen. Dieses Öl enthält antibakterielles Kokosöl und ätherisches Zimtöl, das Pilze abtötet. Bei regelmäßiger Anwendung hilft es, Pilzen vorzubeugen.

Selbst gemachte Mischung zum Ölziehen

- 200 ml kalt gepresstes Kokosöl
- 100 ml natives Olivenöl extra oder Sesamöl
- 4 Tropfen ätherisches Zimtöl

1. Das Kokosöl in einem Topf oder im Mikrowellenherd zerlassen.
2. Vom Herd nehmen und das Oliven- oder Sesamöl und das Zimtöl dazugeben.
3. Mit einer Gabel vermengen und in einem Glasgefäß aufbewahren.

Anwendungstipps:

1. Jeden Morgen einen oder zwei Teelöffel Öl im Mund hin und her bewegen.
2. 5 bis 20 Minuten so weitermachen.
3. Ausspucken, dann wie üblich Zahnbürste, Zahnseide und Mundwasser benutzen.

Zahnschmerzen lindern

Haben Sie Zahnschmerzen? Dann sind Sie nicht allein. Zahnschmerzen gehören zu den häufigsten Schmerzen im Mund.[86] Sie können scharf und stechend oder dumpf sein, und sie werden stärker, wenn auf die betroffene Stelle Druck ausgeübt wird. Die

Ursachen können unterschiedlich sein: Entzündungen, Karies, Zahnfrakturen, häufiges Mahlen mit dem Kiefer oder Zähneknirschen.[87]

Sie können Zahnschmerzen durch gute Mundhygiene (regelmäßiges Zähneputzen, Reinigen der Zahnzwischenräume, Zahnschiene) vorbeugen; aber auch wenn die Zähne bereits schmerzen, können Sie einiges tun, um die Schmerzen zu lindern.

Wenn Bakterien oder eine Infektion die Schmerzen verursachen, kann Zimt helfen. Er tötet Bakterien und Pilze und lindert Entzündungen.[88] Das bedeutet, dass er örtliche Schwellungen reduziert und die Bakterien bekämpft, die die Schmerzen ausgelöst haben. Sie können eine Paste aus Zimt und Honig herstellen, um Zahnschmerzen zu lindern; aber wenn die Schmerzen hartnäckig sind, sollten Sie zum Zahnarzt gehen.

Balsam gegen Zahnschmerzen

- 5 TL Honig
- 1 TL gemahlener Zimt

1. Honig und Zimt gründlich vermengen.
2. Mit einer sauberen Fingerkuppe oder mit einem Wattebausch auf die schmerzende Stelle auftragen.

Mundgeruch loswerden

Schlechter Atem, auch *Halitosis* genannt, wird von Bakterien im Mund verursacht. Er kommt häufig vor: Etwa 30 Prozent der Weltbevölkerung leiden an Mundgeruch.[89] Meist verschwindet er von selbst, das heißt, er tritt nach dem Verzehr bestimmter Nahrungsmittel, nach dem Rauchen oder bei nachlässigem Zähneputzen auf.

Hartnäckiger Mundgeruch kann auf eine tiefere Ursache hindeuten, zum Beispiel auf Zahnfleischentzündung, Mundtrockenheit oder schlechte Mundhygiene. Manchmal führen schwere Krankheiten zu Mundgeruch, etwa Leber- oder Nierenstörungen. Wenn neben dem schlechten Atem auch heftige Symptome auftreten (zum Beispiel Übelkeit, Erbrechen, Atemnot oder Erschöpfung), sollten Sie einen Arzt aufsuchen.[90]

Da Zimt Bakterien abtötet, hilft er, die Mundbakterien zu beseitigen, die zu schlechtem Atem beitragen. Um Mundgeruch loszuwerden, können Sie Zimt im Mundwasser, in der Zahncreme oder in einem Kaugummi verwenden oder ihn in Wasser streuen und trinken.

Fußbad gegen Fußpilz

Etwa 3 bis 15 Prozent der Menschen in den USA leiden irgendwann im Leben an einem Fußpilz. Zu dieser häufigen Pilzinfektion kann es kommen, wenn die Füße in einem warmen, feuchten Milieu in Kontakt mit Pilzsporen kommen.[91] Meist entwickelt sich dieser Pilz zwischen den Zehen. Mögliche Ursachen sind schweißnasse Füße in schlecht belüfteten Schuhen oder Socken oder eine Ansteckung in Umkleideräumen. Wenn Sie an einer Allergie, einem Ekzem, einem geschwächten Immunsystem, einer genetischen Anfälligkeit, von Natur aus verschwitzten Füßen oder Kreislaufstörungen leiden, ist das Fußpilzrisiko erhöht.

Am häufigsten nisten sich Fußpilze zwischen der kleinen Zehe und der benachbarten Zehe ein. Symptome sind abschuppende Haut, Rötung, Hautrisse und Schwellungen. In der Regel ist der Pilz nicht gefährlich, aber oft äußerst lästig. Zum Glück können Sie ihn zu Hause behandeln.

Eine einfache Behandlung (die sich obendrein wie eine Kur anfühlt) ist ein entspannendes Fußbad mit Zimt. Zimt, Teebaumöl und Essig sind nachweislich wirksam gegen Pilze und tragen zum Abheilen eines Pilzes bei.

Entspannendes Fußbad

- 70g Essig
- 4 Zimtstangen (oder 2 Tropfen ätherisches Zimtöl)
- 2 Tropfen Teebaumöl

1. Eine große Schüssel (groß genug, um beide Füße aufzunehmen) mit gekochtem Wasser füllen, das vorher auf eine angenehme Temperatur abgekühlt wurde.
2. Alle Zutaten hineingeben.
3. Die Füße bis zu einer Stunde lang baden, dann gründlich abtrocknen. Jeden Abend wiederholen, bis der Fußpilz abgeheilt ist.

Ekzeme lindern

Ein Ekzem ist eine Hautkrankheit, an der mehr als 30 Millionen Amerikaner leiden.[92] Das Wort bedeutet im Altgriechischen »überlaufen«, und das ist eine passende Beschreibung der juckenden, entzündeten Hautpartien, die sich während eines Ekzemschubes bilden. Diese Flecken sind meist trocken und empfindlich und können sogar anschwellen oder nässen.

Die genaue Ursache eines Ekzems ist nicht bekannt, aber die Patienten haben häufig ein überaktives Immunsystem. Wenn eine bestimmte Substanz das Immunsystem aktiviert, löst es im Körper eine Entzündung aus, die wiederum ein Ekzem verursachen kann. Es gibt viele verschiedene Auslöser. Oft sind Stress, trockene Haut, Infektionen, Allergene in der Umwelt, Hormone und bestimmte Düfte verantwortlich.[93]

Es gibt zwar kein Heilmittel für Ekzeme, aber man kann sie lindern, zum Beispiel mit rezeptfreien Medikamenten, selbst gemachten Salben oder Lichttherapie. Die amerikanische Ekzemstiftung empfiehlt, die Auslöser des Ekzems aufzuspüren, nicht zu viel und nicht zu wenig zu baden, die Haut angemessen feucht zu halten und die betroffenen Hautstellen bei Bedarf medizinisch zu behandeln, um neue Schübe zu verhindern oder zu lindern.

Zu viel Zimt im Essen kann ein Ekzem hervorrufen, aber man kann die Haut dennoch mit Zimt behandeln, um trockene Ekzeme zu lindern.[94] Wenn Sie nach dem folgenden Rezept eine Paste zubereiten und die betroffene Hautstelle damit behandeln, können Sie die Haut befeuchten, die Schwellung und die Entzündung lindern und Infektionen vorbeugen.

Paste für die Linderung von Ekzemen

- 2 EL Honig
- 2 EL Zimt

1. Honig und Zimt vermengen.
2. Großzügig auf die betroffene Hautpartie auftragen und 20 Minuten einwirken lassen.
3. Mit warmem Wasser abwaschen, dann Feuchtigkeitscreme anwenden.

Wundheilung fördern

Was befindet sich in Ihrer Hausapotheke? Wussten Sie, dass Sie Wunden mit Produkten aus Ihrer Küche säubern und heilen können?

Zimt ist eines dieser Erste-Hilfe-Produkte. Dieses Gewürz beschleunigt nachweislich die Wundheilung.[95] Die American Chemical Society berichtet von einem neuen Medikament aus Zimt und Pfefferminzöl, mit dem man chronische Wunden behandeln und heilen kann und das vier Arten von Bakterien abtötet.[96] Das liegt daran, dass Zimtaldehyd, die Verbindung, die dem Zimt seinen typischen Geschmack und seine Farbe verleiht, Mikroben vernichtet.[97]

Honig ist ebenfalls ein starkes Mittel gegen Bakterien und daher ein idealer Partner des Zimtes für die Wundheilung. Wenn Sie ihn richtig anwenden, beseitigt er Infektionen und reduziert die Narbenbildung.

Greifen Sie aber nicht nach irgendeinem Honig im Regal. Ich empfehle Manuka-Honig, den die amerikanische Lebensmittelbehörde FDA im Jahr 2007 als Mittel für die Wundbehandlung zugelassen hat.[98]

Um die Wundheilung zu beschleunigen, mischen Sie einen Esslöffel Manuka-Honig mit einem Teelöffel Zimtpulver oder mit einem Tropfen ätherischem Zimtöl. Wenn das nicht reicht, um die Wunde zu bedecken, verdoppeln Sie die Menge. Tragen Sie die Paste auf die Wunde auf und schützen Sie die Wunde mit einem Mullverband. Wechseln Sie den Verband bei Bedarf nach 24 Stunden.

Gedächtnis fördern

Meine Mutter riet mir vor einer Klassenarbeit immer, Zimt und Honig zu essen (meist in Form von Toast mit Zimt, Honig und Erdnussbutter), um die Gedächtnisleistung zu steigern. Wie sich gezeigt hat, gibt es dafür in der Tat eine wissenschaftliche Grundlage.

Zimt kurbelt die Gehirnleistung deutlich an. Er enthält pflanzliche Wirkstoffe, die dem Gehirn helfen, Glukose (Traubenzucker) zu verbrennen und einwandfrei zu arbeiten. Studien zeigen, dass sich das Langzeit- und das Kurzzeitgedächtnis sowie die Gehirnleistung insgesamt verbessern, wenn wir Glukose konsumieren.[99]

Die Verbindungen, denen der Zimt sein Aroma verdankt, werden »in der Leber zu Natriumbenzoat abgebaut, das leicht ins Gehirn gelangt und den Hippocampus anregt«.[100] Einfach ausgedrückt: Zimt stärkt das Gedächtnis und hilft beim Lernen.

Mischen Sie vor einer Prüfung, vor dem Lernen oder jeden Tag einen Teelöffel Zimt mit Rohhonig und nehmen Sie diese Mischung ein, um das Gedächtnis zu stärken.

Pilzinfektionen und bakterielle Vaginose behandeln

Bis zu 75 Prozent der Amerikanerinnen leiden mindestens einmal im Leben an einer vaginalen Pilzinfektion. Eine andere Infektion mit ähnlichen Symptomen, aber einer anderen Ursache, ist die bakterielle Vaginose (Scheideninfektion), die häufigste vaginale Infektion bei Frauen zwischen 15 und 44 Jahren. Die Ursache ist oft ein Mangel an nützlichen Bakterien.[101] Oft leiden diese Frauen wiederholt an Infektionen oder diversen Symptomen.

Es kann teuer sein, immer wieder rezeptfreie Medikamente zu kaufen oder zum Arzt zu gehen und sich Antibiotika verschreiben zu lassen. Obendrein ist es etwas peinlich und der Arztbesuch stört den Tageslauf. Zwar heilen diese Infektionen oft von selbst, aber die Symptome (Juckreiz, Ausfluss, Geruch) machen das Leben unangenehm.

Dieses Rezept verwendet natürliche Zutaten, die Symptome lindern und in manchen Fällen die Ursache der Infektion beseitigen. Das ist möglich, weil Zimt gegen Pilze und Teebaumöl und Kokosöl gegen Bakterien helfen. Deshalb lindert die Salbe leichte Pilzinfektionen und bakterielle Infektionen.

Heilende Zimtsalbe

- 1 EL Kokosöl, geschmolzen
- 1 TL Zimt
- 2 Tropfen Teebaumöl

Als Zäpfchen:

1. Alle Zutaten vermengen.
2. Einen Tamponapplikator auf einen Teller legen.

3. Mit der Mischung aus Zimt, Teebaumöl und Kokosöl füllen.
4. Drei Stunden in die Kühltruhe legen, bis die Salbe fest ist. Wie einen Tampon einführen.
5. Die Heilsalbe vollständig schmelzen lassen, damit sie die Infektion lindern kann.

Als Salbe:
Die Zutaten vermischen und mit den Fingern auf der infizierten Stelle verteilen.

Anmerkung: Ich empfehle, Zäpfchen und Salbe abends anzuwenden und eine Slipeinlage zu tragen, um Ölflecken zu verhindern.

Candida-Infektionen vorbeugen

Jedes Jahr suchen etwa 1,4 Millionen Amerikanerinnen wegen einer vaginalen *Candida*-Infektion, auch *Candidiasis* genannt, einen Arzt auf.[102] *Candida albicans* ist ein Pilz, der beim Menschen (auch bei Männern) von Natur aus vorkommt. Dieser Hefepilz unterstützt die Verdauung, aber er verursacht Probleme, wenn er sich ungezügelt vermehrt. Dann durchdringt er die Wände der Verdauungsorgane und gelangt ins Blut.

Symptome einer übermäßigen Vermehrung von *Candida*-Pilzen sind häufige Hefepilz-Infektionen, Infektionen der Haut oder Nägel (zum Beispiel Fußpilz), chronische Müdigkeit, Verdauungsstörungen (Verstopfung, Blähungen, Durchfall), Benommenheit, Kohlenhydrat- und Zuckersucht sowie Stimmungsschwankungen. Um *Candidiasis* in den Griff zu bekommen, empfehlen ganzheitlich orientierte Ärzte mehrere Schritte.

Hungern Sie den Pilz zuerst aus, indem Sie raffinierten Zucker, Alkohol, natürlichen Zucker (auch Honig und Obst), Koffein und Kohlenhydrate (auch stärkereiche Gemüsearten wie Süßkartoffeln, Getreide und Hülsenfrüchte) einschränken oder meiden – auch dann, wenn Sie danach süchtig sind.

Essen Sie stattdessen fett- und eiweißreiche Nahrungsmittel (ähnlich wie bei der Keto-Ernährung) und unterstützen Sie die nützlichen Darmbakterien, indem Sie fermentierte Nahrungsmittel essen, zum Beispiel Sauerkraut und Joghurt. Halten Sie diese Diät zwei Wochen ein.

Drittens: Essen Sie Lebensmittel, die Pilze bekämpfen. Dazu gehört auch der Zimt. Er ist besonders nützlich, wenn Sie weniger Zucker konsumieren wollen, denn er trägt dazu bei, dass das Essen süß schmeckt, und dämpft dadurch den Appetit auf Süßes. Obendrein ist Zimt ein Anti-Pilz-Mittel, das hilft, *Candida* einzudämmen.

Zimttee

- 250 ml kochendes Wasser
- 2 kleinere Stücke frischer Ingwer
- 1 Zimtstange
- 1 Tropfen ätherisches Oreganoöl

1. Zimt und Ingwer zehn Minuten im kochenden Wasser ziehen lassen.
2. Zimt und Ingwer aus der Tasse nehmen und das Oreganoöl hineinträufeln. Gut umrühren.
3. Eine oder zwei Tassen am Tag genießen.

Zimt-Kefir

- 250 ml ungesüßter Kefir
- 1 TL Zimtpulver
- 1 TL Kurkumapulver
- 1 TL gemahlener Ingwer
- 1 Prise schwarzer Pfeffer

Alle Zutaten vermengen oder mixen und den Kefir sofort genießen.

Menstruationskrämpfe lindern

Ist es wieder einmal so weit? Wenn Sie an Menstruationskrämpfen leiden, sind Sie nicht allein. Viele Frauen bekommen sie vor, während und nach der Periode zu spüren. Ärzte sprechen dann von Dysmenorrhoe. Da die Schleimhaut der Gebärmutter sich während der Menstruation zusammenzieht und abfällt, können Krämpfe die Folge sein. Die Stärke der Krämpfe hängt unter anderem davon ab, wie viele Prostaglandine (hormonähnliche Substanzen) sich im Körper befinden – je mehr, desto heftiger sind wahrscheinlich die Schmerzen.

Wenn Sie schon älter sind oder geboren haben, sind schwere Krämpfe weniger wahrscheinlich. Andererseits verstärkt Endometriose die Häufigkeit und die Intensität der Krämpfe. Bei dieser Krankheit wächst Schleimhaut, die sich normalerweise in der Gebärmutter bildet, außerhalb dieses Organs.

Sie können Krämpfe aller Art mit einer wärmenden Zimtsalbe lindern, die Sie in den Bauch einmassieren. Sie hilft auch bei Schmerzen im Kreuz und lockert verspannte Schultern. Um sich von innen her zu wärmen und Krämpfe zu lindern, können Sie aber auch Zimttee trinken (siehe unten).

Wärmende Zimtsalbe

- 100 ml Kokosöl
- 50 ml Olivenöl
- 30 g Bienenwachs
- 10 ml von 500 mg CBD-Öl (optional)
- 3 EL Jojobaöl
- 1 EL Vitamin-E-Öl
- 10 Tropfen ätherisches Zimtöl
- 8 Tropfen ätherisches Sandelholzöl
- 4 Tropfen ätherisches Muskatellersalbeiöl
- 3 Tropfen ätherisches Eukalyptusöl

1. Die untere Hälfte eines Wasserbadtopfes halb mit Wasser füllen und bei mittlerer bis starker Stufe erhitzen.
2. Das Bienenwachs in die obere Hälfte des Topfes geben. Wenn das Wasser zu kochen anfängt und das Wachs zu schmelzen beginnt, die Hitze auf niedrig zurückdrehen.
3. Gelegentlich umrühren, um das Wachs aufzubrechen.
4. Sobald das Bienenwachs geschmolzen ist, Kokosöl, Olivenöl, Jojobaöl, Vitamin-E-Öl und CBD-Öl (falls gewünscht) hineingießen und umrühren, bis alles gut vermischt und klar ist.
5. Die ätherischen Öle hineinträufeln und erneut gut vermengen.
6. Die Salbe in einen flachen Behälter gießen (ich empfehle Glas, Keramik oder rostfreien Edelstahl) und bei Zimmertemperatur stehen lassen, bis sie hart wird.
7. Im Kreuz und auf dem Bauch in die Haut einmassieren, wann immer es notwendig ist. Die Salbe sollte dabei auf den Fingern schmelzen.

Krampflösender Zimttee

- 350 ml Wasser
- 2 Zimtstangen
- 1 EL Rohhonig

1. Den Zimt mit dem Wasser aufkochen.
2. Den Honig dazugeben und umrühren, bis er sich aufgelöst hat.
3. Zwei bis drei Tassen am Tag genießen.

Krebsvorbeugung

Krebs ist eine Krankheit, der die ganze Welt ohne Unterlass vorbeugen will. Dennoch wurden 2018 weltweit etwa 18 Millionen Fälle gemeldet. Die USA hatten in diesem Jahr die fünfthöchste Krebsrate der Welt: 352 Fälle je 100 000 Einwohner.[103]

Es gibt zwar kein Heilmittel gegen Krebs, aber viele Behandlungsmöglichkeiten, die sich als wirksam erwiesen haben. Die beste Arznei ist jedoch die Vorbeugung.

Mehrere Studien haben untersucht, ob Zimtextrakt das Tumorwachstum hemmen kann. Zimt fördert die Aktivität der Zellen, die Krebs bekämpfen (CD8-Lymphozyten). Die gleiche Wirkung hat die Chemotherapie: Sie tötet Krebszellen ab. Forscher kamen zu dem Schluss, dass »Zimtextrakt möglicherweise eine alternative Medizin bei der Tumorbehandlung ist«.[104]

Zimt kann zwar keine Medikamente ersetzen, aber er kann die Gesundheit fördern, wenn Sie ihn regelmäßig konsumieren. Sie können ihn einfach morgens in den Kaffee, in die Haferflocken oder in den Joghurt streuen.

Menstruationsbeschwerden lindern

Menstruationsbeschwerden kommen bei vielen Frauen mit regelmäßiger Monatsblutung häufig vor. Man schätzt, dass 20 Prozent der Frauen irgendwann im Leben derart starke Beschwerden haben, dass ihre täglichen Aktivitäten darunter leiden.[105] Die Krämpfe werden von der Gebärmutter ausgelöst und lassen sich in zwei Gruppen einteilen:

1. **Primäre Menstruationsstörungen:** Das sind Schmerzen, die keine organische Ursache haben. Davon sind die meisten Patientinnen betroffen.
2. **Sekundäre Menstruationsstörungen:** Das sind Schmerzen, die mit einem krankhaften Zustand einhergehen, zum Beispiel mit Endometriose oder Eierstockzysten.

Wenn Sie rauchen, lange Perioden haben oder sehr früh zu menstruieren beginnen, kann das Risiko für eine primäre Menstruationsstörung größer sein. Viele Frauen halten das für eine unvermeidliche Nebenwirkung der Periode und behandeln die Beschwerden mit rezeptfreien Medikamenten, etwa mit Ibuprofen.

Mehrere Studien haben bestätigt, dass Zimt Menstruationsbeschwerden lindern kann. Er verringert nicht nur die Blutung, die Häufigkeit und die Schwere der Übelkeit und des Erbrechens, sondern lindert auch Schmerzen aller Art.[106] Zudem verringert Zimt nachweislich die Schwere und die Dauer der Schmerzen während der Menstruation und ist dabei fast so wirksam wie Ibuprofen.[107]

Wenn Sie wieder einmal an Menstruationsbeschwerden leiden, vor allem an Krämpfen, legen Sie einen warmen Umschlag auf, trinken Sie schluckweise Zimttee und streuen Sie reichlich Zimt auf Ihr Essen, um die Schmerzen zu lindern, sodass Sie unbehelligt von den lästigen Auswirkungen leben können.

Polyzystisches Ovarialsyndrom

Das Polyzystische Ovarialsyndrom oder POS ist eine Hormonstörung, von der in den USA sechs bis zwölf Prozent der Frauen im fortpflanzungsfähigen Alter betroffen sind. Damit ist es die häufigste Ursache der weiblichen Unfruchtbarkeit.[108]

Die Ursachen des POS sind unklar, aber ein erhöhter Androgenspiegel, Übergewicht und eine familiäre Vorbelastung mit POS oder Diabetes Typ 2 gelten als beitragende Faktoren. Insulinresistenz kann ebenfalls ein beitragender Faktor und ein Symptom sein. In beiden Fällen lohnt es sich, die Insulinresistenz zu reduzieren.

Hier kommt Zimt ins Spiel. Er kann die Insulinresistenz verringern und hat sich in mehreren Studien bei Patientinnen mit Diabetes Typ 2 sowie bei Frauen mit POS als hilfreich erwiesen. Eine Studie zeigte, dass Zimt die Behandlung des POS unterstützt, indem er die Menge des insulinähnlichen Wachstumsfaktors (IGF-1) reduziert und die Menge des IGF-Bindungsproteins 1 (IGFBP 1) steigert.[109]

Zimt ist daher nachweislich ein therapeutisches Mittel für die Behandlung eines POS, weil er den Testosteron- und den Insulinspiegel senkt.

Verdauungshilfe

Nichts ist lästiger als Magenbeschwerden nach einer köstlichen Mahlzeit. Anstatt rezeptfreie Medikamente anzuwenden, sollten Sie an einem Zimttee nippen. Zimt senkt nämlich selbst in kleinen Mengen den Kohlendioxidgehalt des Magens, was die Verdauung fördert.[110]

Wenn Sie jeden Tag Zimt essen, tun Sie Ihrer Verdauung etwas Gutes. Streuen Sie ein wenig Zimt auf das Essen (mehr Zimtrezepte finden Sie im Rezeptteil dieses Buches).

Das ist keine neue Idee. Schon die alten Römer benutzten Zimt als Medizin gegen viele Verdauungsbeschwerden.[111]

Verdauungstee

- 250 ml kochendes Wasser
- 2 Scheiben frische Ingwerwurzel
- 1 EL Rohhonig
- 1 Kamillenteebeutel (oder 1 EL getrocknete Kamillenblüten)
- 1 Zimtstange

1. Ingwer, Kamille und Zimtstange in eine Tasse schütten.
2. Kochendes Wasser darüber gießen und fünf bis zehn Minuten ziehen lassen.
3. In eine andere Tasse abseihen.
4. Den Honig einrühren und genießen!

Blähungen vorbeugen

Blähungen sind normal und dennoch peinlich. Sie können auch unangenehm sein und gehen oft mit einem aufgedunsenen Bauch einher.

Das Problem beginnt, wenn Sie zu viel Luft schlucken oder bestimmte Nahrungsmittel essen. Die Luft oder das Essen wandert in den Dickdarm, wo die Bakterien die Nahrung abbauen und dabei Gase erzeugen.

Wenn Sie an Verdauungsstörungen leiden – zum Beispiel an einem Reizdarm oder an einer Dünndarmfehlbesiedlung – oder wenn Unverträglichkeiten oder Allergien – etwa Laktoseintoleranz oder Zöliakie – Sie plagen, neigen Sie wahrscheinlich auch zu Blähungen.

Zimt ist Ihre Geheimwaffe dagegen. Er verhindert die Gasbildung, indem er die Magensäure und das Pepsin im Magen reduziert (Pepsin ist das wichtigste Enzym für die Eiweißverdauung).[112]

In einer neueren Studie stellten Forscher der technischen Fakultät der Universität Melbourne fest, dass schon eine kleine Menge Zimt die Menge des Kohlendioxids im Magen verringert und dadurch die Körpertemperatur senkt und die Verdauung fördert.

Trinken Sie also einen Zimttee oder streuen Sie Zimt als Gewürz auf Ihr Essen, um die Verdauung zu fördern und Blähungen effektiv und nachhaltig vorzubeugen.

Schutz für den Darm

Gesundheit beginnt im Darm. Die körperliche Gesundheit steht zwar schon lange im Mittelpunkt der Aufmerksamkeit, aber die Gesundheit des Darmes wird erst seit Kurzem beachtet.

Ein gesunder Darm ist wegen des Zusammenspiels zwischen Darm und Gehirn wichtig. Das Magen-Darm-System beherbergt Billionen von Mikroorganismen. Dieses Mikrobiom beeinflusst die Stimmung, die Gesundheit, den Appetit und mehr.[113]

Im Gegensatz zu einer verbreiteten Meinung sind nicht alle Bakterien schlecht. Es gibt gute Bakterien im Darm, die wir unterstützen können, indem wir Probiotika und Präbiotika zu uns nehmen. Weil aber jeder Mensch ein anderes Darmmikrobiom hat, ist es schwer zu entscheiden, welches kommerzielle Probiotikum (wenn überhaupt) wirksam ist. Präbiotika ernähren hingegen die gesunden Bakterien im Darm und sind für die meisten Mikrobiome nützlich.

Es ist wichtig, den Darm mit Präbiotika in ausreichender Menge zu versorgen, weil sie zum Gedeihen der guten Bakterien beitragen. Bekannte Präbiotika sind resistente Stärke (zum Beispiel grüne Bananen), Löwenzahn, Hafer und Äpfel.

Ein weniger bekanntes Präbiotikum ist Zimt. Auch er unterstützt die guten Bakterien und hilft, Krankheitserreger zu unterdrücken.[114] Werfen Sie einen Blick in den Rezeptteil, um zu erfahren, wie Sie köstliche Gerichte aus aller Welt mit Zimt zubereiten können!

Übelkeit lindern

Übelkeit, das Gefühl, sich übergeben zu müssen, kann verschiedene Ursachen haben: Lebensmittelvergiftung, Schwangerschaft, Schmerzen, Geschwüre, zu üppige Mahlzeiten, Chemotherapie, Medikamente, Toxine, Bewegungskrankheit und Krankheiten, die das Gehirn, den Rachen, den Magen und andere Organe schädigen. Sie gilt als biologische Schutzreaktion, die uns davor warnt, etwas Giftiges zu konsumieren.[115]

Einerlei, welche Ursache vorliegt, Übelkeit ist äußerst unangenehm und lästig. Zimt kann helfen, Übelkeit zu lindern, sowohl sein Duft als auch sein Verzehr. Zimtduft beruhigt die Nerven. Das ist hilfreich, weil Übelkeit meist mit Schmerzen einhergeht.[116] Weil Zimt auch Bakterien und Pilze abtötet, befreit er obendrein den Körper von Toxinen, deren Quelle Bakterien sind. Zimtrinde wird auch verwendet, um Übelkeit bei Patienten zu lindern, die sich einer Chemotherapie unterziehen müssen.[117] Bei Frauen, die an Menstruationsbeschwerden leiden, reduziert Zimt nachweislich die Intensität der Übelkeit und die Häufigkeit des Erbrechens.[118]

Wenn Ihnen also wieder einmal übel wird, sollten Sie langsam und schluckweise Zimttee trinken, um die Symptome zu lindern.

Herz-Kreislauf unterstützen

Herz-Kreislauf-Krankheiten sind ein ernstes Problem. In den USA sind sie die häufigste Todesursache bei beiden Geschlechtern und bei den meisten Ethnien. Obendrein sind sie sehr teuer: Komplikationen durch Herzkrankheiten verringern die Arbeitsproduktivität und steigern die Kosten für Behandlungen und Medikamente. Die Kosten dafür betrugen in den USA von 2014 bis 2015 rund 219 Milliarden Dollar.[119]

Mehrere Risikofaktoren spielen bei Herzkrankheiten eine Rolle, unter anderem Diabetes, Übergewicht oder Fettleibigkeit, ungesunde Ernährung, Alkoholmissbrauch und Bewegungsmangel. Die drei wichtigsten Faktoren sind jedoch Rauchen, Bluthochdruck und ein hoher Cholesterinspiegel.

Zum Glück können wir diese Risikofaktoren entschärfen. Wenn Sie Ihre Lebensweise nach und nach ändern – das Rauchen aufgeben, sich gesund ernähren, Alkohol in Maßen konsumieren und regelmäßig Sport treiben –, sinkt Ihr Risiko für Herzkrankheiten. Ein hoher Cholesterinspiegel ist schwerer zu behandeln, aber auch das gelingt durch gesunde Ernährung. Das Cholesterin im Blut stammt nämlich aus zwei Quellen:

1. **aus der Leber,** die alles Cholesterin herstellt, das der Körper braucht;
2. **aus tierischen Nahrungsmitteln** wie Fleisch und fettreichen Milchprodukten.

Wenn Ihr Essen zu viele Transfette und gesättigte Fette enthält, stellt die Leber mehr Cholesterin her, als der Körper benötigt, und der Cholesterinspiegel steigt. Aber nicht jedes Cholesterin ist schlecht. Wir können zwei Arten von Cholesterin unterscheiden:

1. **LDL-Cholesterin:** Dies ist das »schlechte« Cholesterin. Es fördert die Fettanreicherung in den Arterien.
2. **HDL-Cholesterin:** Dies ist das »gute« Cholesterin. Es befreit die Arterien vom LDL-Cholesterin und transportiert es zurück

in die Leber, sodass sich nicht zu viel Fett in den Arterien ansammeln kann. Wichtig ist das Gleichgewicht zwischen den beiden. Zu viel schlechtes Cholesterin verstopft die Arterien; zu viel gutes Cholesterin kann zu Herzproblemen führen.[120]

Bestimmte Nahrungsmittel helfen, dieses Gleichgewicht herzustellen. Dunkles Blattgemüse, Beeren und dunkle Schokolade tragen dazu bei, den LDL-Spiegel zu senken und den HDL-Spiegel zu erhöhen.[121] Neuere Studien belegen, dass der tägliche Konsum von Zimt den Cholesterinspiegel günstig beeinflusst. Verfeinern Sie Kaffee, Tee, Joghurt und Smoothies also mit Zimt – die Möglichkeiten sind endlos!

Blutzucker regulieren

Jedes Jahr wird bei 1,5 Millionen Amerikanern Diabetes diagnostiziert. Im Jahr 2018 litten mehr als zehn Prozent der amerikanischen Bevölkerung an Diabetes. Diese Krankheit kommt also ziemlich häufig vor und kann ernst sein. Sie galt im Jahr 2017 als siebthäufigste Todesursache in den USA und die Amerikanische Diabetes-Gesellschaft vermutet, dass die wahre Zahl der Todesfälle durch Diabetes noch größer ist.[122]

Um Diabetes zu verstehen, wollen wir uns zunächst mit dem Blutzucker befassen. Zucker aus dem Essen gelangt als Glukose ins Blut. Dann nutzt der Körper Insulin, um die Glukose aus dem Blut in die Zellen zu befördern. Beim Diabetes geht dabei etwas schief. Es gibt zwei Arten von Diabetes:

1. **Typ 1:** Davon sind Menschen aller Art betroffen. Sie können nicht genug Insulin produzieren.

2. **Typ 2:** Dies ist die häufigste Form des Diabetes. Der Körper kann zwar Insulin produzieren, aber er kann es nicht richtig verwerten.

Obendrein gibt es eine Vorstufe des Diabetes, Prädiabetes genannt. Daran leiden Menschen, bei denen das Risiko, an Diabetes Typ 2 zu erkranken, groß ist, weil ihr Blutzuckerspiegel zu hoch ist, aber noch nicht so hoch, dass man von Diabetes Typ 2 sprechen kann.

Sie können beide Formen von Diabetes durch gesunde Ernährung und Sport in den Griff bekommen. Allerdings benötigen die meisten Menschen mit Diabetes Typ 1 Insulinspritzen. Beim Diabetes Typ 2 ist es wichtig, den Blutzuckerspiegel regelmäßig zu kontrollieren.

Hier kann Zimt helfen. Eine Studie der Amerikanischen Diabetes-Gesellschaft stellte im Jahr 2003 fest, dass Diabetiker, die Zimt konsumierten, nach 40 Tagen niedrigere Cholesterinspiegel aufwiesen als Diabetiker, denen man ein Placebo verabreicht hatte.[123] Eine Metaanalyse, die im Jahr 2013 zehn Studien untersuchte, belegte ebenfalls ein statistisch signifikantes Absinken des Blutzuckerspiegels nach der Einnahme von Zimt.[124]

Zwar sollten Sie Zimt nicht als Ersatz für ein Medikament betrachten, aber er kann Ihnen helfen, den Blutzuckerspiegel auf natürliche Weise zu senken und zu stabilisieren. Wenn Sie ihn als Diabetiker vom Typ 2 täglich konsumieren – besonders anstelle von Zucker –, hilft er Ihnen, den Blutzuckerspiegel in den Griff zu bekommen.

Cholesterinspiegel senken

Die amerikanische Gesundheitsbehörde CDC berichtet, dass etwa einer von drei erwachsenen Amerikanern einen zu hohen Cholesterinspiegel hat.[125] Doch was bedeutet das und warum ist es gefährlich?

Wie wir im Kapitel »Herz-Kreislauf unterstützen« gesehen haben, gibt es zwei Arten von Cholesterin:

1. **LDL-Cholesterin**: Dies ist das »schlechte« Cholesterin. Es fördert die Fettanreicherung in den Arterien.
2. **HDL-Cholesterin:** Dies ist das »gute« Cholesterin. Es befreit die Arterien vom LDL-Cholesterin und transportiert es zurück in die Leber, sodass sich nicht zu viel Fett in den Arterien ansammeln kann.

Im Gegensatz zu anderen »Krankheiten« treten keine besonderen Symptome auf, wenn der Cholesterinspiegel zu hoch ist. Deshalb testen Ärzte meist die Lipidwerte, wenn sie Patienten untersuchen. Lipide sind fettähnliche Moleküle im Blut. Cholesterin und Triglyceride sind zwei Beispiele für Lipide.[126]

Ein niedriger LDL-Spiegel ist wichtig, um Herzerkrankungen und Schlaganfällen vorzubeugen. Das gelingt, wenn Sie ein gesundes, aktives Leben führen: Ernähren Sie sich gesund, treiben Sie regelmäßig Sport, schränken Sie Ihren Alkoholkonsum ein, geben Sie das Rauchen auf und achten Sie auf ein gesundes Gewicht.

Wenn Ihr Cholesterinspiegel bereits hoch ist, können Sie ihn durch eine solche Lebensweise senken. Ein wenig Zimt hilft Ihnen dabei. Zimt senkte während einer 40-tägigen Studie den LDL-Spiegel bei Patienten mit Diabetes Typ 2 um bis zu 27 Prozent.[127] Eine Übersichtsarbeit aus dem Jahr 2017 wertete 13 Studien zur Wirkung von Zimt auf die Lipidwerte aus. Die Forscher kamen zu dem Schluss, dass Zimt »das Gesamtcholesterin, das LDL-Cholesterin und die Triglyceridwerte signifikant senkt«.[128]

Wenn Sie also mit einem hohen Cholesterinspiegel zu kämpfen haben, kann Zimt im Essen ein Mittel sein, um diese Blutwerte zu verbessern.

Stimmungsaufheller

Fühlen Sie sich deprimiert, ängstlich oder einfach nur niedergeschlagen? Zimt kann Ihre Stimmung aufhellen! Er hat nachweislich eine antidepressive Wirkung bei Ratten, denen man Bleiacetat verabreicht hat. Mehr noch – sein Einfluss auf den Blutzuckerspiegel erklärt, warum er die Stimmung so deutlich verbessert.[129]

In den letzten Jahren wurden immer mehr Studien veröffentlicht, die den Blutzuckerspiegel mit Stimmungsstörungen, auch mit Depressionen, in Verbindung bringen. Weil das Gehirn Glukose als Energiequelle verwendet, kann ein jäher Anstieg oder Abfall des Blutzuckerspiegels nicht nur die Gehirnfunktion stören, sondern auch die Stimmung. Daher verwundert es nicht, dass etwa 25 Prozent der Diabetiker auch an Depressionen leiden.[130] Zimt hilft, den Blutzucker zu regulieren, und wenn Sie ihn regelmäßig zu sich nehmen, lindert er auch Stimmungsschwankungen.[131]

Auch zwischen der Darmgesundheit und der Stimmung besteht eine Verbindung. Wenn Sie zu viel raffinierten Zucker oder andere Produkte essen, die den Darm reizen, leidet die Stimmung ebenfalls darunter, denn 90 Prozent der Serotoninrezeptoren befinden sich im Darm. Da Serotonin, auch als »Glückshormon« bekannt, einen großen Einfluss auf die Stimmung und das Wohlbefinden hat, ist es wichtig, dass diese Rezeptoren einwandfrei arbeiten. Um den Zuckerkonsum zu verringern, empfiehlt der Fachbereich Medizin der Harvard University auf seinem Blog, das Frühstück mit Zimt anstelle von Zucker oder Zuckerersatzstoffen zu süßen.[132]

Neurodegenerativen Erkrankungen vorbeugen

Mehr als 50 Millionen Menschen leider weltweit unter neurodegenerativen Erkrankungen wie Alzheimer und jedes Jahr kommen zehn Millionen neue Fälle hinzu.[133] Es kann niederschmetternd sein, wenn Sie einen Angehörigen oder engen Freund haben, der an einer solchen Krankheit leidet. Das Nervensystem verliert nach und nach immer mehr Zellen und das Gedächtnis, das Sprachvermögen und die geistigen Fähigkeiten lassen ebenfalls nach.

Oft ist es schwierig, die genaue Ursache einer solchen Krankheit zu ermitteln. Wissenschaftler vermuten, dass manche Krankheiten auf Umwelteinflüsse zurückzuführen sind, zum Beispiel auf Schwermetalle wie Kupfer, Selen, Zink, Blei und Quecksilber, und dass vier bekannte Risikofaktoren Einfluss auf die Entstehung anderer Krankheiten haben, etwa auf Alzheimer: Alter, familiäre Belastung, ein Down-Syndrom und die Apolipoprotein-Allele E4.[134]

Um zu verstehen, wie Zimt helfen kann, Krankheiten wie Alzheimer und Parkinson vorzubeugen, müssen wir zuerst wissen, wie diese Krankheiten das Gehirn verändern.

Werfen wir zunächst einen Blick auf die Alzheimer-Krankheit. Im Gehirn sind Mikrotubuli elementare Bestandteile des Zellskeletts. Sie entnehmen dem Zellkörper Nährstoffe und leiten sie an die Axone und Dendriten (Strukturen am Ende des Zellkörpers) weiter. Auch ein Protein namens Tau bindet sich an die Mikrotubuli gesunder Neuronen und stabilisiert sie.

Wenn ein Gehirn jedoch an Alzheimer erkrankt ist, löst sich das Tau-Protein von den Mikrotubuli und klebt an anderen Tau-Molekülen fest. Das bezeichnet man als neurofibrilläres Bündel. Es blockiert das Transportsystem des Neurons, sodass es nicht mehr richtig kommunizieren kann.[135]

Eine neuere Studie belegt, dass Zimt diese Ansammlung von Tau-Molekülen hemmt. Wichtig ist, dass Zimt (in dieser Studie wasserbasierter Extrakt aus Ceylon-Zimt) das Tau nicht daran hinderte, seine normalen Aufgaben zu erfüllen; er verhinderte nur die Tau-Verklumpung.[136]

Die Parkinson-Krankheit ist die zweithäufigste neurodegenerative Erkrankung in den USA (nach Alzheimer). Ihre Symptome sind der Verlust von Nervenzellen in der *Substantia nigra*, also in dem Teil des Gehirns, der Dopamin produziert.

Dopamin ist ein Neurotransmitter, ein Botenstoff zwischen dem Gehirn und dem Nervensystem, vor allem der Teile, die für Körperbewegungen zuständig sind.[137] Wenn zu viele Nervenzellen in der *Substantia nigra* absterben (meist sind es 80 Prozent), beginnt das Steuerungszentrum des Körpers zu versagen und die Folge sind die langsamen, ruckartigen Bewegungen, die für Parkinson typisch sind.

Studien zeigen, dass gemahlener Zimt das Fortschreiten der Parkinson-Krankheit hemmen kann. Wenn man ihn verzehrt, wird er zu Natriumbenzoat abgebaut, das dann ins Gehirn gelangt, wo es Neuronen schützt, Neurotransmitter normalisiert und die motorische Funktion verbessert.[138] Die Studie zeigte zwar, dass sowohl Ceylon- als auch Kassia-Zimt wirksam waren, dass der Ceylon-Zimt jedoch eine stärkere Wirkung erzielte.

Zurzeit gibt es kein Heilmittel für neurodegenerative Erkrankungen, aber der tägliche Zimtkonsum ist eine Hoffnung und eignet sich als vorbeugende Maßnahme für Kranke und für Menschen, die solche Krankheiten verhindern möchten.

Libido steigern

Die ayurvedische Medizin empfiehlt Zimt als Medizin bei sexuellen Störungen. Eine Studie aus dem Jahr 2013 stellte diesen Rat auf die Probe. Die Forscher bestimmten die Spermienzahl und untersuchten das glatte Muskelgewebe bei alternden Ratten, denen sie 28 Tage lang Cassia-Zimt verabreicht hatten. Die Sexualfunktion verbesserte sich, obwohl die Spermienzahl gleich blieb. Daraus schlossen die Wissenschaftler, dass Zimt zwar nicht die Fruchtbarkeit der männlichen Tiere (die Spermienzahl) verbessert, wohl aber die Sexualfunktion, die mit dem Alter abnimmt.[139]

Bisher gibt es noch keine Studien mit Menschen zu diesem Thema, aber es kann nicht schaden, eine Prise Zimt als Aphrodisiakum ins Essen oder in ein Getränk zu streuen.

Arthritis lindern

Arthritis ist eine Krankheit, die oft missverstanden wird. Sie gilt als Krankheit alter Leute, aber in Wirklichkeit bedeutet der Begriff »Gelenkentzündung«. Die amerikanische Arthritis-Stiftung teilt mit, dass es mehr als Hundert Arten von Arthritis und ähnlichen Erkrankungen gibt. Man kann sie vereinfacht in vier Haupttypen einteilen, die alle mit Gelenksteifheit, Schwellungen und Schmerzen einhergehen:[140]

1. **Degenerative Arthritis:** Dies ist die häufigste Form der Arthritis. Sie entsteht, wenn der Gelenkknorpel sich abnutzt, sodass sich Knochen aneinander reiben. Symptome sind unter anderem Schwellungen und Schmerzen.
2. **Entzündliche Arthritis:** Dabei hält das Immunsystem gesunde Gelenke irrtümlich für gefährlich und greift sie mit Entzündungen an. Die Folge sind Gelenkschmerzen und Abnutzung.
3. **Infektiöse Arthritis:** Wenn etwas aus der Umwelt (zum Beispiel Pilze, Viren oder Bakterien) in ein Gelenk eindringt, kann eine Entzündung die Folge sein, der diese Form der Arthritis ihren Namen verdankt.
4. **Metabolische Arthritis:** Um diese Form der Arthritis zu verstehen, müssen wir zuerst wissen, was Harnsäure ist. Harnsäure ist ein natürliches Stoffwechselendprodukt, wenn Sie Nahrungsmittel mit Purinen essen. Das sind unter anderem Bier, Organfleisch und Meeresfrüchte. Wenn der Körper viel Harnsäure über die Nahrung erhält und sie nicht schnell genug abbauen kann, reichert sie sich an und ruft Gelenkschmerzen hervor.

Arthritis und Gelenkschmerzen können also viele Ursachen haben, aber die Abnutzung der Knorpel und Entzündungen sind gemeinsame Symptome.

Deshalb kann Zimt Schmerzen lindern. Wissenschaftler haben herausgefunden, dass Zimt den Knochenabbau hemmt.[141] Er lindert zudem Entzündungen, was bei entzündlicher und infektiöser Arthritis besonders hilfreich ist.[142] Obendrein ist dieses Gewürz dank seines Gehaltes an Zimtaldehyd auch ein Antioxidans, das freie Radikale bekämpft und dadurch Zellschädigungen und Entzündungen verhindern hilft.[143]

Osteoporose vorbeugen

Osteoporose ist eine Krankheit, die die Knochen schädigt. Entweder verliert der Körper zu viel Knochenmasse oder er stellt zu wenig Knochengewebe her. Das Wort bedeutet »poröser Knochen«, eine Anspielung auf das Aussehen eines Knochens unter dem Mikroskop. Die natürlichen Löcher in osteoporotischen Knochen sind viel größer als normal. Dadurch nimmt die Knochendichte ab und das Knochengewebe wird brüchiger und schwächer.

Etwa 54 Millionen Amerikaner leiden an Osteoporose, vor allem ältere. Ungefähr eine von zwei Frauen und bis zu einer von vier Männern über 50 Jahren leben mit dem Risiko, sich wegen Osteoporose einen Knochen zu brechen.[144]

Zimtaldehyd, das Aldehyd, dem der Zimt sein typisches Aroma verdankt, verringert nachweislich die Bildung von Zellen, die Knochenmasse abbauen.[145] Osteoklasten resorbieren Knochenzellen und sind eine häufige Ursache für den Knochenabbau.[146] Deshalb kann Zimt helfen, Osteoporose vorzubeugen.

Um gesunde, starke Knochen aufzubauen, sollten Sie Nahrungsmittel essen, die die Knochen stärken. Das sind Produkte, die reich an Kalzium sind, zum Beispiel Milchprodukte und Nüsse. Wenn Sie diese Nahrungsmittel mit Zimt kombinieren, sind sie besonders wirksam.

Verspannungen lindern

Wenn Sie schon einmal mit einem steifen Nacken aufgewacht sind und kaum den Kopf bewegen konnten, dann wissen Sie, wie lästig das ist – und ein wenig beängstigend. Es kann sein, dass Sie den ganzen Tag lang den Kopf nicht drehen können.

Kein Grund zur Sorge. Sie können einiges tun, um die Versteifung im Hals zu lindern, am besten morgens oder beim ersten Auftreten der Schmerzen, damit Sie das Problem so schnell wie möglich lösen können.

Legen Sie zuerst einen warmen Umschlag (Sie können ein Handtuch und warmes Wasser verwenden, in das Sie ätherische Öle geträufelt haben) auf die betroffene Stelle. Wärme entspannt die Muskeln und fördert die Durchblutung. Während Sie warten, nippen Sie an einem Kräutertee mit ¼ Teelöffel gemahlenem Zimt (oder einer ganzen Zimtstange) und ¼ Teelöffel gemahlener Kurkuma (oder einem 2,5 Zentimeter langen Stück frischer Kurkuma), gemischt mit 240 Milliliter heißem Wasser. Beide Gewürze wirken stark entzündungshemmend und Kurkuma lindert zudem Muskelschmerzen.[147]

Wiederholen Sie diese Behandlung so oft wie nötig, um die Versteifung zu beheben (oder so oft Sie Zeit haben). Auf diese Weise können Sie sich auch am Ende eines Tages, bevor Sie zu Bett gehen, entspannen.

Harnwegserkrankungen behandeln

Mehr als sieben Millionen Amerikaner suchen jedes Jahr ein Krankenhaus auf, um sich wegen einer Harnwegsinfektion (HWI) behandeln zu lassen.[148] Diese Infektionen werden meist vom Bakterium *Escherichia coli* verursacht, das die Blase und die Harnröhre reizt. Typische Symptome sind Brennen oder Schmerzen beim Urinieren und häufiger Harndrang, bei dem jedoch nur wenige Tropfen Urin produziert werden.[149]

Frauen leiden häufiger an Harnwegsinfektionen als Männer (etwa 60 Prozent der Frauen erkranken einmal im Leben daran, verglichen mit 12 Prozent der Männer), da sie eine kürzere Harnröhre haben; das bedeutet, dass die Bakterien einen kürzeren Weg zurücklegen müssen.

Die übliche Therapie bei Harnwegsinfektionen sind natürlich Antibiotika, um die gefährlichen Bakterien abzutöten. Wenn Sie häufiger an Harnwegsinfektionen erkranken, können die Erreger jedoch gegen die Antibiotika resistent werden. Dann sind andere Maßnahmen notwendig.

Zimt hilft Ihnen, Harnwegsinfektionen zu verhindern und zu behandeln, da er Bakterien und Pilze bekämpft. Trans-Zimtaldehyd, die aktive Verbindung im Zimt, dezimiert *Escherichia coli* im Körper.[150]

Am besten ist es, einer Infektion vorzubeugen. Deshalb empfehle ich, dem Essen Zimt beizugeben. Die amerikanische Urologie-Stiftung empfiehlt außerdem Cranberrysaft und Wasser in ausreichender Menge.[151]

Abnehmen

In den 1930er-Jahren verzehrten die Menschen morgens gern eine halbe Grapefruit mit einer Prise Zimt.[152] Das war damals ein beliebtes Frühstück und heute wissen wir, dass es sehr gesund ist. Eine Studie, die 2006 im *Journal of Medicinal Food* veröffentlicht wurde, fand heraus, dass Grapefruits die Insulinresistenz verringern. Zudem halfen sie der Testgruppe beim Abnehmen.[153]

Aber vergessen Sie nicht den Zimt! Dieses Gewürz reduziert die Insulinresistenz ähnlich effektiv. Das Zentrum für Ernährung an der Tufts University berichtete, dass Zimt schon in kleinen täglichen Mengen die Fähigkeit des Insulins, Blutzucker abzubauen, verbessert. Das heißt, er verringert auch Hunger und das Verlangen nach Zucker und lindert die Folgen des Diabetes. Das alles hilft, Gewicht abzubauen.[154]

Warum ist das Thema Insulinresistenz wichtig? Nun, wenn Sie jemals versucht haben, eine Diät perfekt einzuhalten und Sport zu treiben, um abzunehmen, aber feststellen mussten, dass die Pfunde einfach nicht purzeln wollten, dann könnte die Insulinresistenz daran schuld gewesen sein.

Wenn Ihr Körper insulinresistent ist, wird Ihr Essen nur unzureichend in die Energie umgewandelt, die er braucht. Insulin ist nämlich das Hormon, das der Körper benötigt, um Nahrung (zum Beispiel Kohlenhydrate) in Glukose (Zucker, den die Zellen verwerten können) umzuwandeln und diese Glukose aus dem Blut in die Zellen zu befördern. Bei Insulinresistenz reagiert der Körper nicht mehr auf das Insulin und deshalb ist immer mehr Insulin notwendig, um die Zellen mit Glukose zu versorgen. Wenn der Körper nicht mehr genug Insulin erzeugen kann und zu viel Glukose im Blut bleibt, sind Sie Diabetiker. Da die Glukose nirgendwohin transportiert wird, wandelt der Körper sie in Fett um und speichert sie für die Zukunft.[155]

Hier kann Zimt doppelt hilfreich sein: Er lindert die Insulinresistenz und aktiviert die Fettzellen, sodass sie Energie verbrauchen.[156] Dann wird weniger Glukose als Fett gespeichert und bereits vorhandenes Fett wird eher verbrannt.

Es ist also sinnvoll, das Frühstück mit Zimt zu bestreuen, sowohl Haferflocken als auch eine Grapefruit.

Heißhunger stillen

Zuckersucht ist real. Studien belegen, dass Zucker süchtig machen kann und sogar den Alkoholmissbrauch fördert.[157] Trotzdem ist Zucker heutzutage fast überall enthalten, sogar in Nahrungsmitteln, die Sie für pikant halten.

Wenn Sie weniger Zucker konsumieren wollen, ist es am einfachsten, selbst zu kochen, denn viele Fabriknahrungsmittel enthalten Zucker oder Zuckerersatzstoffe. Damit der Übergang etwas leichter fällt, können Sie Zucker durch Zimt ersetzen, der von Natur aus süß schmeckt und daher einen Teil des Zuckers ersetzen kann, den Sie normalerweise in ein Gericht geben würden. Wenn Sie beispielsweise daran gewöhnt sind, Ihren Kaffee mit einem Löffel Zucker zu süßen, sollten Sie jetzt eine Prise Zimt und einen halben Löffel Zucker verwenden. Zimt passt sehr gut zu Kaffee, Haferflocken, Joghurt und sogar Backwaren.

Es gibt wissenschaftliche Erklärungen dafür, dass Zimt helfen kann, Heißhunger zu stillen: Natürliche Substanzen im Zimt verbessern die Insulinsensitivität.[158] Das ist wichtig, weil die Glukose nur schwer in die Zellen gelangt, wenn Sie an Insulinresistenz leiden. Dann hungert Ihr Körper nach Zucker und anderen Kohlenhydraten.[159]

Schmerzmittel

Vor der Entwicklung der modernen Schmerzmittel verwendeten die Menschen natürliche Arzneien aus Heilkräutern. Seit Jahrhunderten werden Pflanzen wie Johanniskraut, Ginseng und Zimt in Salben und Tees benutzt, um Schmerzen zu lindern.

Nichtsteroidale Entzündungshemmer (NSAID) sind heute die üblichen Mittel zur Schmerzbekämpfung. Doch manchmal ist es unklug, rezeptfreie Medikamente wie Ibuprofen einzunehmen. NSAID können beispielsweise eine Coronaerkrankung verschlimmern. Deshalb rät die FDA vom Einsatz dieser Medikamente ab.[160] In solchen Fällen – und wenn Sie Naturheilmittel bevorzugen – ist Zimt ein ungefährlicher Ersatz, der Schmerzen lindert.

Zimt ist ein wirksames Schmerzmittel, weil er mit Prostaglandinen reagiert, einer Gruppe von Lipiden, die in einigen Körperteilen gebildet werden, wenn Gewebe beschädigt oder infiziert ist, und deren Aufgabe es ist, Krankheiten und Verletzungen zu heilen. Neuere Studien zeigen, dass Zimt bei Menstruationsstörungen (zum Beispiel bei Krämpfen) fast so wirksam ist wie Ibuprofen.[161] Zudem entspannt er die Muskeln.

Parasiten vertreiben

Das Wort Parasit klingt beängstigend. Der Gedanke, dass ein anderer lebender Organismus in Ihnen, einem Familienmitglied oder einem Haustier lebt, ist schwer zu ertragen. Das Problem ist uralt. Zum ersten Mal wurde ein Parasit zwischen 3000 und 400 vor Christus in Ägypten schriftlich erwähnt. Später schrieben die alten Chinesen, Araber, Griechen und Inder über Krankheiten und Symptome, die wahrscheinlich von Parasiten ausgelöst wurden. Im Laufe der Geschichte wurden mehr als 370 Parasitenarten entdeckt; doch die Mehrzahl davon tritt selten auf. Heute sind nur noch etwa 90 häufige Parasitenarten übriggeblieben, von denen die meisten in den Tropen leben.[162]

Während die moderne Medizin sich weiterentwickelt, werden immer mehr Parasiten immun gegen Medikamente, indem sie ihre Abwehr aktivieren. Schlimmer noch, ohne medizinische Tests ist es schwer, herauszufinden, ob ein Parasit Sie plagt. Wenn Sie einen Verdacht haben, sollten Sie einen Arzt aufsuchen; aber in der Zwischenzeit müssen Sie nicht untätig bleiben. Die folgenden Maßnahmen eignen sich auch zur Vorbeugung.

Ätherische Öle sind sehr nützlich, weil sie heilende Wirkstoffe enthalten. Vor allem Zimtöl kann Larven daran hindern, in andere Körperteile zu wandern – in einem Test mit verschiedenen Pflanzenölen war es das wirksamste. Zimtöl kann sogar helfen, die Larven abzutöten.[163] Ätherisches Nelkenöl enthält eine hochwirksame Verbindung namens Eugenol, die Krankheitserreger im Darm vernichten kann.[164] Wenn Sie befürchten, Parasiten zu beherbergen, mischen Sie einen Tropfen ätherisches Zimtöl, einen Tropfen ätherisches Nelkenöl und einen Esslöffel Honig (oder mehr) mit 240 Millilitern Wasser oder Ingwertee. Trinken Sie davon bis zu zweimal am Tag, bis Sie beim Arzt einen Termin für einen Bluttest bekommen, der Ihnen zeigt, ob eine weitere Behandlung notwendig ist.

Insektenstiche behandeln

Wenn Sie schon einmal von einem Insekt gestochen wurden und die Wunde unglaublich juckte, dann wissen Sie, wie lästig das sein kann. Insektenstiche jucken, weil der Speichel des Insekts den Körper veranlasst, Histamin auszuschütten (so als wären Sie gegen eine Substanz allergisch). Das Immunsystem reagiert dann zu heftig, die Durchblutung wird angeregt und im Bereich der Wunde nimmt die Zahl der weißen Blutkörperchen (als Teil der Immunabwehr) zu. Entzündung, Schwellung und der vertraute Juckreiz sind die Folgen.

Trotz des Juckreizes sollten Sie so wenig wie möglich kratzen, sonst verletzen Sie wahrscheinlich die Haut und infizieren die Stichstelle mit Bakterien von den Händen oder aus der Umwelt.

Zum Glück hilft Ihnen der Zimt dank seiner antibakteriellen Wirkung, einer Infektion der Wunde vorzubeugen, falls Sie sich trotzdem kratzen. Seine entzündungshemmenden Bestandteile lindern zudem die Schwellung. Sowohl Zimt als auch Honig (ein Superteam) hemmen Bakterien und fördern die Genesung.[165] Aloe vera, ein bekanntes Mittel gegen Sonnenbrand, lindert Brandwunden und Stichwunden. Kampfer (ein Verwandter des Zimtes) dämpft den Juckreiz noch mehr und entspannt die Muskeln im Bereich der Stichwunde.

Anti-Juckreiz-Paste

- 1 TL gemahlener Zimt
- 1 TL Rohhonig
- 1 TL Aloe-vera-Gel (oder 1 TL frisches Aloe-vera-Fleisch)
- 1 Tropfen Kampferöl (optional)

1. Alle Zutaten vermengen, bis eine dicke Paste entsteht.
2. Auf die Stichstelle auftragen und eine Stunde einwirken lassen.
3. Die Paste abwaschen, bevor Sie das Haus verlassen, damit der süße Honig keine Insekten anlockt.

4
Tipps und Tricks für Ihr Zuhause

Hundefutter

Ihr Hund verträgt vielleicht nicht alle Gewürze, die Menschen essen, zum Beispiel Cayennepfeffer, schwarzen Pfeffer oder auch zu viel Salz, aber Ceylon-Zimt in kleinen Mengen ist für Hunde ungefährlich, weil er weniger Cumarin enthält.

Zimt nützt nicht nur uns Menschen, sondern auch Hunden: Er macht ihr Futter schmackhafter, wärmt sie von innen her, fördert ihre Verdauung, desinfiziert ihr Futter und beugt dadurch Infektionen mit Bakterien vor, fördert den Knochen- und Knorpelaufbau, lindert Arthritis und hilft ihnen, ein gesundes Gewicht zu bewahren, indem er den Blutzuckerspiegel stabilisiert.[166] Die folgende Tabelle zeigt Ihnen, wie viel Zimt pro Portion für Ihr Haustier angemessen ist.

Mischen Sie zunächst die geeignete Menge Zimt zusammen mit etwas Wasser in das trockene oder feuchte Futter des Hundes oder probieren Sie folgendes Hundefutterrezept:

Gewicht des Tieres	Menge des Zimtpulvers je Mahlzeit
< 4,5 kg	1⁄16 Teelöffel
4,5 bis 9 kg	1⁄16 bis ⅛ Teelöffel
9,45 bis 22,5 kg	⅛ bis ¼ Teelöffel
22,95 bis 45 kg	¼ bis ¾ Teelöffel
> 45 kg	¾ bis 1 Teelöffel

Hundeleckerli mit Erdnussbutter und Kürbisgewürz

- 90 g Kokosmehl
- 80 g Biokürbis aus der Dose
- 75 g Honig
- 60 g natürliche Erdnussbutter ohne Zucker, Salz und Öl
- 3 EL griechischer Joghurt
- 2 TL Zimt
- ½ sehr reife Banane

1. Alle Zutaten vermengen und zu hundgerechten Kugeln formen.
2. Im Kühlschrank aufbewahren und Ihren Hund einmal am Tag damit füttern.

Pflanzenspray gegen Pilze

Zimt ist nicht nur ein Antipilzmittel für Menschen, sondern auch für Pflanzen. Ätherisches Zimtöl ist nachweislich wirksam gegen zahlreiche Pflanzenkrankheiten, die von Pilzen verursacht werden, zum Beispiel Verticillium-Welke, Dollarflecken-Krankheit und Pechkrebs.[167]

Im Gegensatz zu Fungiziden ist Bio-Zimt als Antipilzmittel zu 100 Prozent natürlich und frei von Chemikalien. Sie brauchen nicht zu fürchten, irgendwelche Toxine zu schlucken, wenn Sie Pflanzen aus Ihrem Garten ernten und essen. Ein Zimtspray gegen Pilze ist leicht herzustellen – alles, was Sie brauchen, ist ätherisches Zimtöl und Wasser!

Zimtspray gegen Pilze

- 700 ml Wasser
- 4 Tropfen ätherisches Zimtöl

1. Das Wasser mit dem Zimt in eine Sprühflasche gießen und kräftig schütteln.
2. Einmal am Tag direkt auf die erkrankten Pflanzen und auf den Boden sprühen, bis die betroffenen Teile besser aussehen.

Anmerkung: Dieses Spray eignet sich auch zur Vorbeugung. Sprühen Sie das Zimtwasser auf den Boden, um Pilze am Wachstum zu hindern, oder streuen Sie Zimtpulver direkt auf den Boden.

Pflanzenarznei

Menschen können offene Wunden haben, die Zeit brauchen, um zu heilen. Aber wussten Sie auch, dass das Gleiche für Pflanzen gilt? Und so wie die Wunden eines Menschen können sich auch die Wunden einer Pflanze infizieren. Beschleunigen Sie die Heilung und beugen Sie einer Pilzinfektion vor, indem Sie Zimtpulver auf die Wunde streuen.[168]

Setzlinge schützen

Wenn Sie Pflanzen anbauen, haben Sie zwei Möglichkeiten:

1. **Direktsaat**: Die Pflanzen wachsen direkt an ihrem endgültigen Ort.
2. **Setzlinge pflanzen:** Sie säen Samen in kleine Töpfe und verpflanzen sie später an einen geeigneten Ort im Garten oder Gewächshaus.

Einige Pflanzen wachsen besser, wenn sie direkt ausgesät wurden. Dazu gehören Bohnen, Kürbisse, Wassermelonen, Pflanzen mit langen Pfahlwurzeln, zum Beispiel Möhren und Rüben, sowie Wurzelgemüse wie Pastinaken und Steckrüben. Diese Pflanzen wachsen meist schnell und gedeihen als Setzlinge nicht sehr gut. Andere Gemüsearten eignen sich besser als Setzlinge, unter anderem Kreuzblüter (Brokkoli, Rosenkohl, Blumenkohl, Blattkohl), Auberginen und Gemüsepaprika.

Einerlei, ob Sie Samen oder Setzlinge verwenden, Sie wollen sie vor Pilzinfektionen schützen, zum Beispiel vor der Umfallkrankheit.[169]

Wenn eine Pflanze Anzeichen für eine Pilzkrankheit aufweist, kann diese sich rasch ausbreiten. Entfernen Sie den infizierten Setzling unverzüglich und schützen Sie die anderen Pflanzen. Es gibt kein Heilmittel für die Umfallkrankheit, deshalb ist Vorbeugung die beste Methode. Dafür können Sie Zimt auf zweierlei Weise verwenden:

1. **Nebeln Sie die Setzlinge mit einer Zimtbrühe ein**. Bereiten Sie einen Zimttee zu (nehmen Sie einen Beutel 100-prozentigen

Zimttee oder eine Zimtstange auf 240 Milliliter Wasser). Gießen Sie den abgekühlten Tee in eine Sprühflasche und sprühen Sie Ihre Setzlinge ein.

2. **Streuen Sie gemahlenen Zimt auf die Pflanzen.** Sie können die Oberfläche des Bodens damit bestreuen.

Zimt ist wirksam, weil er Pilze bekämpft. Obendrein regt Zimtwasser das Wachstum von Tomatenpflanzen an.[170]

Ablegerwachstum

Wenn Sie Pflanzen nicht jedes Mal aussäen wollen, sind Ableger eine sehr gute Alternative. Die Pflanze wächst schneller und Sie brauchen nicht zu befürchten, dass sie nicht sprießt, denn sie befindet sich ja bereits über dem Boden. Im Grunde klonen Sie eine alte Pflanze und erschaffen eine neue.

Oft werden Wurzelhormone verwendet, damit Stecklinge gut wachsen. Sie vergrößern die Überlebenschance der Pflanze. Am häufigsten setzen Gärtner diese Hormone für Zierpflanzen und Sukkulenten ein.[171]

Wenn Sie keine Zeit haben, Wurzelhormone zu kaufen, oder ein wenig Geld sparen wollen, können Sie stattdessen Zimt verwenden. Er bewahrt Ihre Pflanzen vor Krankheiten und Infektionen und sorgt dafür, dass sie stark und gesund werden. Tauchen Sie die Setzlinge in Wasser und tauchen Sie das untere Ende vor dem Einpflanzen in gemahlenen Zimt.

Ameisen vertreiben

Haben Sie ein Ameisenproblem? Diese Insekten sind zwar nicht gefährlich, aber ziemlich lästig. Gute Nachricht: Dieses häufige Problem lässt sich mit dem Zimt in Ihrer Küche leicht lösen.

Die Verbindungen im Zimt aktivieren einen Eisenkanal in den Antennen der Ameisen und signalisieren, dass die Umgebung gefährlich ist.[172] Daraufhin meiden die Ameisen diese Gegend.

Streuen Sie Zimt direkt auf Ameisenpfade und -nester und Sie werden sehen, dass die Insekten flüchten. Sie können Zimt im Garten und im Haus verwenden, um sie loszuwerden.

Stechmückenlarven loswerden

Stechmücken sind lästige Insekten, die eine ganze Reihe von Krankheitserregern enthalten können, darunter die gefährlichen Westnil- und Zika-Viren, aber auch Malaria-Parasiten.[173] Die Stiche sind also nicht nur unangenehm, sondern auch gefährlich.

Eine gute Methode, Stechmücken abzuschrecken, ist die Vernichtung ihrer Larven im Haus und im Garten. Stechmücken legen ihre Eier gerne in stehendes Wasser. Wenn Sie einen Teich oder Pfützen im Garten haben, dann haben Sie sehr wahrscheinlich auch ein Problem mit Stechmückenlarven.

Um die Larven früh loszuwerden, können Sie ätherisches Zimtöl verwenden. Zimt tötet nachweislich wilde und im Labor gezüchtete Stechmückenlarven ab.[174] Je höher die Dosis ist, desto mehr Larven werden vernichtet.

Für Ihr eigenes Abwehrmittel gegen Insektenlarven brauchen Sie vier Tropfen ätherisches Zimtöl auf 240 Milliliter Wasser, um eine optimale Wirkung zu erzielen.

Raumspray mit Herbstduft

Jede Jahreszeit scheint ihr eigenes Aroma zu haben und nichts erinnert uns so sehr an den Herbst wie Zimtduft. Die folgende Mischung aus ätherischen Ölen sorgt für ein warmes Wald-Feeling. Mit ihren vielen natürlichen Zutaten ist sie ein Spray, das Sie in den Herbstmonaten immer wieder verwenden wollen.

Der Hauptbestandteil ist ätherisches Zimtöl; aber Sie können einige ätherische Öle weglassen, wenn Sie sie nicht mögen. Hamamelis sorgt dafür, dass das Wasser und die ätherischen Öle vermengt bleiben.[175]

Raumspray mit Herbstduft

- 240 ml Wasser
- 240 ml Hamameliswasser (ohne Duftstoffe)
- 20 Tropfen ätherisches Zimtöl
- 10 Tropfen ätherisches Nelkenöl
- 5 Tropfen ätherisches Vanilleöl
- 5 Tropfen ätherisches Kardamomöl
- 5 Tropfen ätherisches Ingweröl
- 5 Tropfen ätherisches Weihrauchöl
- 5 Tropfen ätherisches Fichten- oder Kiefernöl

1. Alle Zutaten in einer Sprühflasche kräftig schütteln und vermengen.
2. Im Haus nach Belieben versprühen, um einen entspannten Herbstabend genießen zu können.

Tischkärtchen mit Zimtstangen

Eine Dinnerparty fühlt sich besonders schick an, wenn Sie für Ihre Gäste Tischkärtchen aufstellen. So können Sie zudem bestimmen, wer wo sitzt, und dadurch Streit verhindern, zu interessanten Gesprächen und neuen Kontakten anspornen und so weiter. Selbst wenn es sich nur um ein Feiertagsessen für die Großfamilie handelt, können Tischgedecke aus einem großen Essen ein Familienfest machen.

Tischkarten zu kaufen, kann teuer werden, vor allem wenn Sie viele Gäste haben. Hier kann Zimt Ihnen helfen. Sie können mit Zimtstangen festliche, preiswerte und wunderbar schmeckende Tischkärtchen herstellen. Das lohnt sich besonders bei Hochzeiten im Herbst und im Winter sowie an Thanksgiving, an Heiligabend und an Weihnachten.

Zimtstangen-Tischkarten

- Zimtstangen von ähnlicher Länge (eine für jede Person, die eine Tischkarte braucht)
- dickes, hochwertiges Papier (am besten weiß)
- 1 Permanent- oder Kalligrafiestift oder einen anderen dicken Marker

1. Eine Zimtstange waagrecht an die Papierkante legen. Mit einem Lineal das Papier 2,5 Zentimeter kürzer markieren, als die Zimtstange lang ist.
2. Nun das Lineal senkrecht halten und das Papier 6,5 bis 7,5 Zentimeter unter der Kante markieren.
3. Das Papier entsprechend der markierten Abmessungen zuschneiden und als Schablone für die anderen Karten verwenden. Präziser und schneller geht es mit einem Papierschneider. Oder kaufen Sie vorgefertigte Karten.
4. Auf die fertigen Karten die Namen schreiben.
5. Die Unterseite der Karten in die Spalte der Zimtstange schieben.

Zimtkerzen

Bevor die Elektrizität erfunden wurde, waren Kerzen die wichtigste Lichtquelle für die Menschen. Kerzen werden seit 5000 Jahren auf unterschiedliche Weise hergestellt. Die Römer rollten Papyrus zusammen, die Chinesen verwendeten Papierröhren mit Dochten aus Reispapier und die Inder benutzten gekochte Früchte des Zimtbaumes.[176]

Heute können wir Licht auf Knopfdruck einschalten, aber Kerzen bleiben gefragt, weil sie uns im Haus ein Gefühl von Gemütlichkeit oder sogar von Romantik vermitteln. Manche Menschen zünden nach Sonnenuntergang Kerzen an, um künstliches Licht zu vermeiden, das nachweislich unsere innere Uhr und den Schlaf stört.[177]

Sie können Kerzen leicht selbst herstellen, wenn Sie Zeit und die nötigen Zutaten haben. Mit der folgenden Methode erzeugen Sie einen sauberen Geruch – ohne die Kopfschmerzen, die künstliche Duftstoffe auslösen.

Zimt-Vanille-Kokosöl-Kerze

- 240 ml Bienenwachs
- 100 ml Kokosöl
- 25 Tropfen ätherisches Zimtöl
- 20 Tropfen ätherisches Nelkenöl
- 10 Tropfen ätherisches Vanilleöl
- 5 Tropfen ätherisches Zedern- oder Sandelholzöl
- 1 Kerzendocht (dicker Zwirn oder Bindfaden)
- zerdrückte Zimtstangen (optional)

1. Das Wachs in einem Wasserbadtopf zum Schmelzen bringen. Den Topf vom Herd nehmen, sobald das Wachs vollständig geschmolzen ist. (Sie können die Hitze auch mit einem Zuckerthermometer überwachen. Wenn es 66 °C zeigt, nehmen Sie den Topf vom Herd. Es ist normal, wenn die Temperatur danach noch ein wenig steigt.)
2. Das Kokosöl hineingießen und gründlich vermengen.
3. Die ätherischen Öle hineinträufeln. Sie können die Dosis vergrößern, wenn Sie einen stärkeren Duft vorziehen, oder verringern, wenn Ihnen ein milderer Duft lieber ist.

4. Das Wachs drei bis fünf Minuten abkühlen lassen (oder bis es etwa 70 °C erreicht hat).
5. Während das Wachs abkühlt, den Docht abmessen. Den Zwirn abschneiden, bis er etwas länger ist als die Länge eines hitzebeständigen Glasgefäßes.
6. Ein Ende des Dochts um einen runden Gegenstand wickeln (ich empfehle einen Bleistift oder ein Essstäbchen).
7. Das lange Objekt so der Länge nach auf das Glas legen, dass der Docht in das Gefäß hängt. Wenn der Docht den Boden berührt, ein Stück abschneiden, bis er etwa 0,6 Zentimeter über dem Boden hängt.
8. Das abgekühlte Wachs langsam in das Glas gießen. Dabei sollte sich der Docht in der Mitte befinden; möglicherweise müssen Sie ihn ab und zu verschieben. Mit dem Gießen aufhören, wenn sich das Wachs etwa 2,5 Zentimeter unter dem Rand des Gefäßes befindet.
9. Wenn Sie die Spitze der Kerze mit den zerdrückten Zimtstangen dekorieren wollen, warten Sie 10 bis 15 Minuten, bis die oberste Schicht der Kerze hart wird. Dann die zerdrückten Zimtstangen behutsam in das Wachs drücken.
10. Die Kerze ein oder zwei Tage trocknen lassen, dann den Docht kürzer schneiden und die Kerze anzünden.

Kiefernzapfen mit Zimtduft

Kiefernzapfen sind zu einem Inbegriff der Feiertage geworden und symbolisieren den Wechsel der Jahreszeiten. Man findet sie unter Kiefern auf dem Boden und manche Geschäfte verkaufen sie parfümiert in Beuteln.

Wenn das Wetter kälter und Festtagsschmuck angeboten wird, macht es besonderen Spaß, mit duftenden Kiefernzapfen für eine gemütliche Atmosphäre im Haus zu sorgen. Die ganze Familie kann sich daran beteiligen. Sammeln Sie Kiefernzapfen bei einem Spaziergang und schütteln Sie den Beutel, um die Kiefernzapfen mit Duft zu durchtränken.

Ätherisches Zimtöl ist der wichtigste Duft an diesen Kiefernzapfen. Es erzeugt nicht nur das süßliche Aroma, das warm und gemütlich anmutet, sondern verbessert obendrein das Gedächtnis.[178]

Kiefernzapfen mit Zimtduft

- 20–30 Kiefernzapfen, je nach Größe (wenn Sie welche kaufen, machen Sie bei Schritt 4 weiter)
- 20 Tropfen ätherisches Zimtöl
- 10 Tropfen ätherisches Nelkenöl
- 5 Tropfen ätherisches Vanilleöl
- 5 Tropfen ätherisches Zedernöl

1. Im Freien gesammelte Kiefernzapfen in einer großen, mit Wasser gefüllten Schüssel eine Stunde einweichen. Einen Teller oder einen anderen Gegenstand auf die Kiefernzapfen legen, damit sie nicht oben schwimmen.
2. Ein Backblech mit Folie oder Pergamentpapier auslegen. Die Kiefernzapfen im Backblech verteilen und bei 90 °C etwa 30 Minuten backen.
3. Die Kiefernzapfen abkühlen lassen, bis sie Zimmertemperatur haben.
4. Die Kiefernzapfen in einen Vier-Liter-Zip-Beutel geben. Je nachdem, wie viele Kiefernzapfen es sind und wie groß sie sind, brauchen Sie vielleicht mehr als einen Beutel.

5. Die ätherischen Öle in den Beutel sprenkeln (die oben genannten Mengen gelten für einen Beutel mit Kiefernzapfen).
6. Den Beutel gut verschließen und schütteln, um die ätherischen Öle gleichmäßig zu verteilen.
7. Die Kiefernzapfen ein bis zwei Wochen liegen lassen, damit sie den Duft vollständig aufnehmen.
8. Die Kiefernzapfen aus dem Beutel holen und in eine Schüssel legen. Genießen Sie den Duft von Wald und Weihnacht!

Selbst gemachtes Reinigungsspray

Eine meiner frühesten Erinnerungen dreht sich um meine Mutter, die in der Küche arbeitete und eine riesige Flasche mit Essig in der Hand hielt. Ich rümpfte damals die Nase und rannte (buchstäblich) vor dem Geruch weg; doch als ich älter wurde und eine eigene Wohnung hatte, wusste ich es zu schätzen, wie effektiv Essig Schmutz im Haushalt beseitigen kann. Er ist eine natürliche Alternative zu chemischen Reinigern und befreit Flächen aller Art wirksam von Staub, Mehltau und Bakterien.[179]

Zum Glück enthält dieses selbst gemachte Reinigungsspray Zimt, der den starken Geruch des Essigs überlagert. Zudem hat es eine antibakterielle Wirkung. Ätherisches Zimtöl bekämpft nachweislich Krankheitserreger, vor allem *Escherichia coli*, die Lebensmittel vergiften.[180]

Dieses Spray eignet sich am besten für die Küche: für Schneidbretter, für den Tisch und das Spülbecken und sogar für den Fußboden.

Selbst gemachtes Reinigungsspray mit Zimt

- 240 ml destilliertes Wasser
- 240 ml Essig
- 20 Tropfen ätherisches Zimtöl

1. Alle Zutaten in einer Sprühflasche vermengen und gut schütteln.
2. Nach Bedarf auf Oberflächen verwenden. Vor dem Abwischen etwa fünf Minuten einwirken lassen.

Duftspray fürs Auto

Der Einstieg ins Auto sollte ein erfreuliches Erlebnis sein, kein unangenehmes. Leider ist Ihr Auto wahrscheinlich meist verschlossen, wenn Sie es in der Sonne oder in der Garage parken. Deshalb können sich rasch üble und hartnäckige Gerüche bilden.

Ursachen für diese Gerüche sind Mehltau, Schimmel, Rauch, Schweiß, Essensreste, schmutzige Kleider, Haustiere oder ein muffiger Luftfilter.[181] Das kann die Fahrt unangenehm machen – für Sie und für Mitfahrer.

Die üblichen Duftsprays für Autos versuchen, die Gerüche zu überlagern; doch häufig erzeugen sie einen aufdringlichen, künstlichen Duft, der Kopfschmerzen auslöst. Verwenden Sie Zimt, um die Gerüche in Ihrem Auto zu verbessern oder sogar zu beseitigen. Dafür haben Sie mehrere Möglichkeiten:

1. Kleben Sie Wattebäusche oder Pompons an eine Wäscheklammer. Träufeln Sie auf jeden Wattebausch oder Pompon einen

Tropfen ätherisches Zimtöl. Befestigen Sie die Wäscheklammer am Lüftungsschlitz des Autos.

2. Vermischen Sie 60 Gramm Backnatron und 20 Tropfen ätherisches Zimtöl in einem Einmachglas. Stechen Sie Löcher in den Deckel, damit der Duft ausströmen kann, und stecken Sie das Glas in den Getränkehalter.
3. Füllen Sie ein Käsetuch oder einen kleinen Stoffbeutel mit Zimtstangen und binden Sie das Tuch oder den Beutel an den Rückspiegel.
4. Kaufen Sie einen Zerstäuber für ätherische Öle. Füllen Sie ihn mit Wasser und träufeln Sie einen Tropfen ätherisches Zimtöl auf 30 Milliliter Wasser hinein. Wenn Sie einen stärkeren Duft bevorzugen, verwenden Sie mehr ätherisches Öl.
5. In einem kleinen Teller vier Esslöffel Backnatron mit vier Tropfen ätherischem Zimtöl vermengen. Die Mischung auf den Boden und die Sitze (aus Stoff) des Autos träufeln, 15 Minuten einwirken lassen und dann mit dem Staubsauger entfernen.
6. Träufeln Sie ein paar Tropfen ätherisches Zimtöl auf den Luftfilter des Autos, damit die Luft frisch duftet, wenn Sie die Klimaanlage oder Heizung einschalten.

Teppichdeodorant

Wenn Sie ein Haustier oder muffig riechende Teppiche haben (so ist das Leben), können Sie mit einfachen Mitteln für mehr Frische sorgen. Die folgende Mischung kann unangenehmen und störenden Gerüchen effektiv entgegenwirken.

Backnatron ist ein erprobter Geruchsabsorber. Es dringt in die tieferen Schichten eines Teppichs ein und absorbiert und neutralisiert üble Gerüche.[182] Wenn es Zeit hat, die Gerüche aufzusaugen, können Sie alles mit dem Staubsauger entfernen und zurück bleiben frisch duftende Teppiche.

Dieses selbst gemachte Deodorant enthält sowohl Backnatron, das Gerüche bindet, als auch Zimt, der Bakterien vernichtet. Die Mischung sorgt dafür, dass Ihre Teppiche besser riechen, und sie beugt der Vermehrung von Bakterien vor.

Teppichdeodorant mit Zimt und Zitrusöl

- 220g Backnatron
- 20 Tropfen ätherisches Grapefruitöl
- 1 TL gemahlener Zimt

1. Alle Zutaten in einem Einmachglas vermengen.
2. Den Deckel schließen und gut schütteln, um die Zutaten zu vermischen.
3. Großzügig nach Bedarf auf Teppiche sprenkeln. 20 Minuten einwirken lassen.
4. Mit dem Staubsauger entfernen und den frischen Duft der Teppiche genießen.

Zimtzerstäuber

Der Duft des Zimts verbessert die Stimmung und die Konzentration. Deshalb eignet sich Zimt hervorragend dafür, in der Wohnung zerstäubt zu werden.[183]

Zerstäuber verteilen den Duft von ätherischen Ölen in der Luft und erfüllen sie mit den Vorzügen und Aromen der Öle. Es gibt mehrere Möglichkeiten, Düfte in der ganzen Wohnung zu verteilen. Am einfachsten ist es, Lampen und ätherisches Öl zu nutzen. Sie brauchen nur einen Tropfen ätherisches Zimtöl auf die Glühlampe zu träufeln und sobald Sie das Licht einschalten, riechen Sie Zimt!

Wenn Sie bereits einen Zerstäuber für ätherische Öle haben, geben Sie einfach drei Tropfen ätherisches Zimtöl in 120 Milliliter Wasser. Um Düfte zu mischen, können Sie auch Nelken-, Zedern- oder Vanilleöl verwenden.

Oder Sie basteln einen klassischen Raumduftdiffuser, auch *Reed Diffuser* genannt (Bilder finden Sie im Internet). Das ist eine sehr gute Methode, um alte Glasgefäße wiederzuverwerten und Zimtstangen und Orangenschalen zu verbrauchen.

Selbst gemachter Lufterfrischer mit Zimt

- 80 ml Wasser
- 60 ml Reinigungsalkohol
- 10–12 Bambusstäbchen
- 10 Tropfen ätherisches Zimtöl
- 5 Tropfen ätherisches Rosmarinöl
- 5 Tropfen ätherisches Orangenöl
- 2 ganze Zimtstangen
- 2 Zweige frischer Rosmarin
- Schale einer Orange, in dünne Scheiben geschnitten

1. Orangenschale, Zimtstangen und Rosmarinzweige in ein kleines Einmachglas oder in eine Flasche geben. (Je kleiner die Öffnung ist, desto besser. Gut geeignet sind alte Ölflaschen, weil sie einen Ausgießer haben.)
2. Das Wasser und den Alkohol in das Glas gießen. Wenn das Glas zu klein ist, weniger Wasser, aber die gleichen Anteile verwenden.

3. Die ätherischen Öle ins Glas geben und behutsam umrühren, um alle Flüssigkeiten zu vermengen.
4. Die Bambusstäbchen in das Glas stecken. Wenn das Glas einen Ausgießer hat, diesen zuerst anbringen und dann die Bambusstäbchen hineinstecken.
5. Das ist alles! Die Flüssigkeit alle zwei bis drei Wochen wechseln, damit sich auf den Kräutern, Gewürzen und Orangenschalen kein Schimmel bildet.

Stechmückenabwehr

Stechmückenstiche können unerträglich jucken und extrem unangenehm sein. Weibliche Mücken stechen, weil sie Blut brauchen, um fruchtbare Eier zu bilden. Mithilfe bestimmter Proteine in ihren Fühlern nehmen sie unseren Geruch wahr.[184]

Manche Menschen werden öfter gestochen als andere. Wissenschaftler wissen nicht genau, warum, aber mehrere Faktoren spielen wohl eine Rolle: die Blutgruppe (besonders die Gruppe 0), die Abgabe von Kohlendioxid in der Atemluft, die Wärme der Haut, der Schweiß, eine Schwangerschaft und die Gene.

DEET (Diethyltoluamid) ist eine Chemikalie, die in vielen Insektenabwehrmitteln enthalten ist.[185] Allerdings gibt es Zweifel an der Unbedenklichkeit dieses Mittels. Wenn Sie DEET meiden oder Geld sparen wollen, können Sie das folgende Rezept nutzen, damit Sie im Sommer nicht so oft gestochen werden.

Dieses Repellent enthält Zitronen-Eukalyptus-Öl, das nachweislich ebenso wirksam und nachhaltig ist wie Produkte, die DEET enthalten. Das Zimtöl als weitere Zutat tötet Stechmücken, erzeugt einen angenehmen Duft und verstärkt die Wirkung der Mischung.[186]

Zimt-Zitrone-Eukalyptus-Repellent

- 90 ml flüssiges Kokosöl
- 9 ml Zitronen-Eukalyptus-Öl (nicht das ätherische Öl)
- 10 Tropfen ätherisches Zimtöl

1. Alle Zutaten in einer Flasche vermengen. Gut schütteln.
2. Die Haut damit einreiben, bevor Sie ins Freie gehen.

Mottenschutz

Wenn Sie Kleider aus Pelz, Seide, Leder oder Wolle haben, die Sie meist nicht tragen, sind diese anfällig für Mottenbefall. Diese Schädlinge fressen Tierfasern, die Keratin enthalten.[187] Sie sind schwer zu entdecken, weil sie Licht meiden und ziemlich klein sind; aber ihre Untaten sind lästig und können wertvolle Kleidungsstücke zerstören.

Mottenkugeln sind das übliche Mittel zum Schutz der Kleider. Aber das sind Insektizide, die meist Naphthalin oder Paradichlorobenzen enthalten, die bisweilen giftige Dämpfe abgeben.[188]

Zimt ist dagegen ein natürliches Mittel gegen Motten, denn diese mögen seinen Geruch nicht. Wenn Sie also ein paar Zimtstangen in den Schrank oder in Schubladen legen, können Sie Motten davon abhalten, sich durch Ihre Pullover zu fressen.[189] Eine andere Methode ist die Vakuumverpackung der Kleider, die Sie selten tragen. Legen Sie ein paar Zimtstangen in den Beutel und Ihre Kleider duften angenehm nach Zimt!

Raumbefeuchter

In den Wintermonaten drohen aufgesprungene Lippen und trockene Haut. Zudem werden wir anfälliger für Schnupfen und Grippe, weil die trockene Luft das Immunsystem schwächen kann.[190]

Luftbefeuchter schaffen Abhilfe. Allerdings haben elektrische Befeuchter auch Nachteile. Sie sind nämlich ein guter Nährboden für Bakterien, und wenn Sie diese Bakterien einatmen, drohen zahlreiche neue Gesundheitsprobleme.

Aber es gibt auch andere Methoden, die Luft in der Wohnung zu befeuchten. Sie können beispielsweise die Dusche zu Ihrem Vorteil nutzen – sie erzeugt eine Menge Feuchtigkeit! Träufeln Sie einfach ein paar Tropfen ätherisches Zimtöl in die Duschkabine, bevor Sie eintreten, und Sie bekommen feuchte Luft mit Zimtaroma im Badezimmer.

Auch Zimmerpflanzen befeuchten die Luft in der Wohnung. Mit Wasser gefüllte Schalen sind ebenfalls geeignet, wenn auch etwas weniger.

Oder kochen Sie Wasser, um ein selbst gemachtes Raumspray herzustellen (ein Rezept finden Sie im nächsten Abschnitt), und stellen Sie einen Ventilator neben den Topf, damit die Luft durch die ganze Wohnung zirkuliert.

Raumspray mit Zimt

Als ich ein Kind war, benutzte meine Familie nie kommerzielles Raumspray (meine Mutter behauptete, sie bekomme davon Kopfschmerzen). Heute, nachdem es mir oft im Haus von Freunden oder in Geschäften, wo die Luft von künstlichen Duftstoffen geschwängert war, ebenso erging, verzichte ich ebenfalls auf diese Produkte.

Obwohl Raumsprays häufig gekauft werden, hat die Zeitschrift *Science Direct* enthüllt, dass diese Produkte – selbst wenn sie als »grün« und »biologisch« vermarktet werden – potenziell gefährliche Chemikalien enthalten und Migräne hervorrufen können. Meist werden weniger als zehn Prozent der Bestandteile angegeben, sodass wir nicht genau wissen, was kommerzielle Raumsprays enthalten.[191]

Darum ist die folgende Methode, die meine Mutter benutzte, damit unser Haus gemütlich duftete, so effektiv – man erhitzt einfach Gewürze und Orangenschalen in heißem Wasser, sodass sie einen warmen, einladenden Duft abgeben. Sie können diese Methode mit verschiedenen Kräutern anwenden, zum Beispiel mit Rosmarin oder Lavendel, aber die Zimtmischung ist im Herbst besonders angenehm.

Selbst gemachtes Raumspray mit Zimt

- 750 ml Wasser
- 20 g ganze Gewürznelken
- 6 ganze Zimtstangen
- 4 Bio-Orangen, geschält
- 2 EL gemahlener Muskat
- 1 EL gemahlener Piment

1. Die Orangenschalen in einem Dörrautomat oder Backofen trocknen (im Ofen 30 Minuten bei 110 °C backen).
2. Die trockenen Schalen mit den Gewürzen vermengen.

3. Das Wasser in einem Topf oder Stieltopf erhitzen, bis es kocht. Dann köcheln lassen.
4. Gewürze und Orangenschalen ins Wasser schütten.
5. Den Topf köcheln lassen, solange Sie wollen, damit die Luft duftet. Wenn Sie die Mischung noch einmal verwenden wollen, füllen Sie einfach Wasser nach.

Potpourri

Dieses Potpourri besteht hauptsächlich aus getrockneten Blumen und Gewürzen in einem Topf. Es wird seit dem 12. Jahrhundert verwendet, um die Luft in einem Raum zu erfrischen.[192] Heute ist das eine einfache Methode, das Haus herbstlich zu schmücken. Obendrein ist es ein hübsches selbst gemachtes Geschenk.

Selbst gemachtes Potpourri

- 1 Orange (ich empfehle eine Navelorange, zum Beispiel Cara Cara)
- 12 ganze Zimtstangen
- 10 ganze Sternanise
- 10 ganze Gewürznelken

1. Die Orange in dünne Scheiben schneiden (ich empfehle, einen Gemüsehobel zu verwenden) und mit einem Dörrautomat oder im Backofen (zwei Stunden bei 120 °C) trocknen.
2. Die trockenen Scheiben mit den Gewürzen vermengen.
3. In einem verschlossenen Einmachglas mindestens einen Tag aufbewahren, damit die Düfte sich vermischen.
4. In eine dekorative Schale schütten, um einen angenehmen Duft im Zimmer zu verbreiten.

5. Wenn der Duft allmählich schwächer wird, die Mischung in kochendes Wasser schütten und dann köcheln lassen, um sie ein zweites Mal zu verwenden.

Natürliches Spray für die Yogamatte

Es ist wichtig, eine Yogamatte sauber zu halten – sie kann mit Schweiß und Schmutz verunreinigt und eine Brutstätte für Bakterien sein, vor allem wenn Sie die Matte zusammenrollen und an einem dunklen Platz aufbewahren. Zum Glück ist es einfach, zu Hause ein Spray für Yogamatten herzustellen, durch das die Matte sauber bleibt, ohne sie zu zerstören (Yogamatten sind teuer).

Ätherische Öle, mit Wasser und Hamamelis vermischt, sind alles, was Sie brauchen. Hamamelis hat eine reinigende Wirkung (notfalls können Sie auch Essig verwenden). Die ätherischen Öle sind nicht nur Duftstoffe, sondern auch antibakterielle Mittel.

Zimt und Teebaumöl sind zwei dieser äußerst wirksamen antibakteriellen ätherischen Öle.[193] Der selbst zubereitete Mattenreiniger (siehe unten) duftet nicht nur wundervoll, sondern säubert die Matte auch effektiv. Und er ist so sanft, dass Sie ihn nach jedem Üben anwenden können.

Yogamattenspray mit Zimt

- 180–240 ml destilliertes Wasser
- 60 ml Hamameliswasser
- 10 Tropfen ätherisches Zimtöl
- 10 Tropfen ätherisches Nelkenöl

- 10 Tropfen ätherisches Orangenöl
- 5 Tropfen ätherisches Eukalyptusöl
- 3 Tropfen ätherisches Teebaumöl

1. Alle Zutaten in einer Sprühflasche vermengen.
2. Gut schütteln.
3. Nach Bedarf auf die Matte sprühen. Sauber wischen und die Matte flach hinlegen oder aufhängen, damit sie trocknet.

Zimtbesen

Besen werden seit langer Zeit benutzt, um Häuser zu fegen und zu säubern, aber Reisigbesen sind auch Symbole, die böse Geister abschrecken sollen. Wenn Sie einen Reisigbesen mit den Zweigen nach oben ins Haus stellen, schützt er dem Volksglauben zufolge das Haus und löst negative Energie auf.[194]

Heute werden solche Besen nicht mehr zum Putzen benutzt. Man verwendet sie als Schmuck im Herbst. In den USA kann man Zimtbesen das ganze Jahr über als angenehm duftende Dekoration in Geschäften kaufen. Allerdings verlieren diese Besen oft rasch ihren Duft. Anstatt sie jedes Mal zu ersetzen, wenn der Geruch schwindet, können Sie den Zimtduft auf folgende Weise auffrischen:

Mischen Sie 20 Tropfen ätherisches Zimtöl mit 50 Milliliter Oliven-, Avocado- oder Kokosöl und reiben Sie die Zweige des Besens damit ein. Tragen Sie dabei Handschuhe, um die Hände zu schützen, denn die ätherischen Öle können brennen.

Danach duftet der Besen wieder wie neu und Sie können das angenehme Zimtaroma den ganzen Herbst lang genießen.

Schuhdeodorant

Schuhe, vor allem Sportschuhe, sind ein günstiger Nährboden für Bakterien. Die Füße schwitzen darin, weil sie 250 000 Schweißdrüsen besitzen und die Schuhe die ganze Feuchtigkeit aufnehmen müssen – bis zu einem Viertelliter jeden Tag.[195] Deshalb vermehren sich Bakterien an den Füßen und breiten sich auch auf die Socken und Schuhe aus.

Zudem stehen die Schuhe oft in dunklen Spinden oder Schränken – ebenfalls Brutstätten für Keime. Um diese Mikroorganismen zu vernichten, müssen Sie Ihre Schuhe zunächst in die Sonne stellen. Bereiten Sie das Spray nach dem folgenden Rezept zu und besprühen Sie die Schuhe, während sie in der Sonne stehen, großzügig damit, um Bakterien abzutöten. Die Mischung aus Reinigungsalkohol, Hamamelis und ätherischen Ölen ist dabei eine große Hilfe.

Lassen Sie die Schuhe mindestens zwei Stunden in der Sonne trocknen und streuen Sie dann das geruchsbeseitigende Pulver in die Schuhe. Das Backnatron neutralisiert den Geruch und das Pfeilwurzpulver trocknet die Schuhe. Ätherisches Zimtöl sorgt nicht nur dafür, dass die Schuhe besser riechen, sondern es tötet auch Bakterien ab und diese kehren seltener zurück.[196] Dieses Pulver können Sie auch benutzen, wenn Sie die Schuhe eine Zeitlang nicht tragen.

Antibakterielles Spray

- 50 ml destilliertes Wasser
- 30 ml Hamameliswasser
- 30 ml Reinigungsalkohol
- 6 Tropfen ätherisches Pfefferminzöl
- 4 Tropfen ätherisches Teebaumöl

- 2 Tropfen ätherisches Eukalyptusöl
- 1 Tropfen ätherisches Rosmarinöl

1. Eine Sprühflasche zu einem Viertel mit Hamameliswasser füllen.
2. Danach Alkohol hineingießen, bis die Flasche halb voll ist.
3. Dann destilliertes Wasser hineingießen, bis die Flasche gefüllt ist.
4. Die ätherischen Öle hineingießen und alles gut vermengen.
5. Die Mischung nach Bedarf auf und in die Schuhe sprühen.

Geruchsbeseitigendes Pulver für die Schuhe

- 50 g Backnatron
- 50 g Pfeilwurzpulver
- 8 Tropfen ätherisches Zimtöl
- 5 Tropfen ätherisches Rosmarinöl
- 3 Tropfen ätherisches Teebaumöl

1. Alle Zutaten in einem Einmachglas vermengen und gut schütteln.
2. Nach Bedarf auf und in die Schuhe streuen.

Feiertagsschmuck

Als Kind verstand ich nie, warum wir nicht jedes Jahr mehr neue Weihnachtsdeko hatten. Später wurde mir klar, dass sie teuer ist, vor allem wenn man bedenkt, dass man sie nur einmal jährlich benutzt.

Zimtstangen sind das optimale Material für Feiertagsdeko: Sie sind innen hohl, sodass Sie einen Faden durchziehen können; sie sind robust, sodass sie nicht so leicht brechen; und sie duften so intensiv, dass Ihr ganzes Haus angenehm riechen wird.

Sie können Zimtstangen auf verschiedene Weise nutzen, um Ihr Haus für die Feiertage zu dekorieren. Basteln Sie einzigartige Ornamente (die viel weniger kosten als jene, die Sie in einem Geschäft bekommen) oder kleben Sie einfach Zimtstangen an Feiertagskränze oder -gebinde (oder an fast alles, was Ihrer Meinung nach ein wenig mehr Zimtdekor braucht).

Zimtstangen als Weihnachtsbaumschmuck

- 4 Zimtstangen
- rote und grüne Knöpfe oder Pompons oder künstliche Baumborsten (optional)
- Fotokarton in Gold oder Silber
- Zwirn oder Schleife

1. Drei Zimtstangen so zuschneiden, dass Sie eine große, eine mittelgroße und eine kleine haben.
2. Die nicht geschnittene Zimtstange senkrecht auf die Arbeitsfläche legen. Die drei geschnittenen Stangen mit einer Heißklebepistole waagrecht auf die senkrechte Stange kleben (die größte unten, die kleinste oben). Achten Sie darauf, dass ihre Abstände gleich sind.
3. Knöpfe an die waagrechten Stangen kleben. Falls Sie künstliche Baumborsten verwenden, die Borsten so zuschneiden, dass sie gleich lang sind wie die Zimtstangen, und auf die waagrechten Stangen kleben.
4. Einen Stern aus dem Fotopapier schneiden und oben auf den Baum kleben.

5. Aus einem Stück Zwirn eine Schleife formen und die Enden zusammenbinden. Den Knoten hinten an den Baum kleben.
6. Trocknen lassen und aufhängen.

Rentier-Schmuck aus Zimtstangen

- 3 Zimtstangen
- rote Glocke, roter Knopf, kleiner roter Pompon oder roter Filz für eine Nase
- 2 Wackelaugen
- Zwirn

1. Aus zwei Zimtstangen ein V bilden (sie berühren sich unten, aber überlappen sich nicht). Die dritte Stange waagrecht obenauf legen, dann die Stangen so arrangieren, dass sie einem Rentiergesicht ähneln.
2. Die drei Stangen mit einer Heißklebepistole zusammenkleben.
3. Einen Leimtupfer auf die untere Spitze des V geben und die Nase damit befestigen.
4. Ein Wackelauge an jede Stange kleben (dort, wo die waagrechten und senkrechten Stangen sich treffen).
5. Ein Stück Zwirn zu einer Schleife zusammenbinden. Den Knoten hinten an das Rentier kleben.
6. Trocknen lassen und aufhängen.

Stern aus Zimtstangen

- 5 gleich große Zimtstangen
- Zwirn, Schleife oder Garn

1. Aus zwei Stangen ein auf dem Kopf stehendes V formen. Anders als beim Rentier eine der Stangen auf die andere im V legen. Beide dort zusammenkleben, wo das V verbunden ist.
2. Eine dritte Stange waagrecht knapp unterhalb der V-Spitze ankleben.
3. Aus der vierten Stange eine Diagonale bilden, sodass die Spitze das linke Ende der waagrechten Stange berührt und die Unterseite die Stange berührt, die die rechte Seite des V bildet. Die vierte Stange ankleben.
4. Aus dem Zwirn eine Schleife um die Spitze des Sterns herumbinden. Abbinden und überflüssigen Zwirn abschneiden.
5. Trocknen lassen und aufhängen.

Untersetzer für Getränke

Wenn die Oberflächen Ihres Kaffee-, Küchen- und Nachttisches glatt bleiben sollen, brauchen Sie einen Untersetzer für Ihre Kaffeetassen. Wenn Kondenswasser von kühlen Getränken auf den Tisch tropft, bleibt ein Fleck zurück. Heiße Getränke können die Fläche, auf der sie stehen, verbrennen, sodass ein Rand entsteht, nachdem Sie das Gefäß entfernt haben.

Zimt-Untersetzer sind eine billige, einfache Methode, solche Getränkeränder auf dem Tisch zu verhindern. Zudem verleihen sie dem Wohnzimmer und der Küche ein rustikales, holziges Flair.

Getränkeuntersetzer

- 3 ähnlich dicke Zimtstangen, je 7,5 cm lang
- Garn, Zwirn oder starker Bindfaden, 50 cm lang

1. Die Zimtstangen in eine ordentliche Reihe legen. Die glatte Seite (ohne Riss oder Loch) zeigt nach oben.
2. Bitten Sie jemanden, die Stangen festzuhalten (oder legen Sie ein Buch auf sie), während Sie mit dem Garn, Zwirn oder Bindfaden die Zimtstangen verweben.
3. *Verbinden:* Das Garn fest um die erste Stange binden. Das Garn *über* die erste Stange führen und unter die zweite, über die dritteführen. Das Garn muss straff sein, sodass der Untersetzer nicht auseinanderfällt. An der letzten Stange eine Schleife bilden und das Verfahren wiederholen, damit oben an jeder Stange Garn zu sehen ist. Nun das Garn zusammenbinden und den überstehenden Rest abschneiden.
4. Dieses Verfahren am anderen Ende des Untersetzers wiederholen. Das ist alles!

Überzug für eine Taschentuchbox

Eine einfache Methode, ein wenig persönliches Dekor ins Haus zu bringen, sind hübsche Boxen für Papiertaschentücher. Dieser kleine Trick kann eine Verbindung zwischen den Zimmern herstellen. Sie können eine Hülle für Taschentuchboxen aus Zimtstangen basteln – sie erfüllt das ganze Haus mit einem festlichen Zimtduft und sorgt dafür, dass die kalten Monate sich ein wenig wärmer anfühlen.

Hülle für Taschentuchboxen

- hölzerne Taschentuchbox
- Malerfarbe und Pinsel
- Zimtstangen
- Stoffband (optional; ich empfehle eine Farbe, die zur Malerfarbe passt)

1. Bemalen Sie die hölzerne Taschentuchbox mit der Farbe Ihrer Wahl. Ich empfehle herbstliche Farben wie burgunderrot, gebranntes Orange (mitteldunkles Orange), Gold oder Waldgrün. *Anmerkung: Auch Zimtstangen, die mit Goldfarbe bemalt wurden, sehen sehr hübsch aus!*
2. Die Farbe trocknen lassen.
3. Kleben Sie zunächst Zimtstangen an die Seiten der Box (mit der Heißklebepistole). Je nach Größe der Taschentuchbox und der Stangen brauchen Sie dafür eine oder zwei Schichten.
4. Den Leim vollständig trocknen lassen.
5. Wenn gewünscht, ein Band um die Box binden.

Über die Autorin

Nancy Chen ist Wellness-Bloggerin, Content Creator und Fitnesstrainerin. In ihrer Familie wurde schon immer Kräuterheilkunde genutzt. Sie ist für ihre einfachen, leckeren und gesunden Rezepte bekannt und gibt auf ihrem Blog *Nourish by Nancy* nützliche Ratschläge über Gesundheit und Lebensweise. Zurzeit lebt sie in Santa Monica, Kalifornien.

Quellenverzeichnis

1 Delany, Alex (2018): »Did you know that there are different types of cinnamon?«. Bon Appétit

2 National Center for Biotechnology Information, PubChem Compound Database »Cinnamaldehyde«

3 Osborne, Troy David. »A taste of paradise: Cinnamon«. University of Minnesota

4 Winchester Hospital. »Cinnamon«

5 Pasupuleti Visweswara, Rao; Siew, Hua Gan (2014): »Cinnamon: A multifaceted medicinal plant«. *Evidence-Based Complementary and Alternative Medicine*. S. 1–12

6 Davies, Anna (2020): »What is bulletproof coffee and is it actually good for you?«. Chowhound

7 Butter Journal. »The history of butter«. http://www.butterjournal.com/butter-history

8 DehydratorLab.com.»History of food preservation timeline: When did people start to preserve food?«

9 Nabavi, Seyed Fazel et al. (2015): »Antibacterial Effects of Cinnamon: From Farm to Food, Cosmetic and Pharmaceutical Industries«. *Nutrients,* 7 (9). S. 7729–77489. https://doi.org/10.3390/nu7095359

10 Paajanen, Sean (2019): »An Abridged History of Hot Chocolate: Its Changes Over the Years«. The Spruce Eats

11 Michail, Niamh (2019): »How Mexico's cinnamon-spiked hot chocolate mirrors the country's history«. Foodnavigator-latam.com

12 Goodwin, Lindsey (2019): »The history of Masala Chai: From ayurvedic ambrosia to americanized coffeehouse treat«. The Spruce Eats

13 Vasant, Lad (2006): »Ayurveda: A brief introduction and guide«. The Ayurvedic Institute

14 The Ayurveda Experience (2018): »Cinnamon: Everything you need to know«. https://www.theayurvedaexperience.com/blog/cinnamon-ayurveda

15 Herbs, Gaia (2016): »The ultimate guide to Golden Milk, Everything you need to know«. https://www.gaiaherbs.com/blogs/seeds-of-knowledge/the-ultimate-guide-to-golden-milk

16 VinePair Staff: »A (brief) history of the cocktail«. VinePair

17 McCormick Science Institute. »History of spices«

18 Hui, Y. H. et al., Hrsg. (2001): »Meat science and applications«. New York

19 Whipps, Heather (2008): »How the spice trade changed the world«. LiveScience

20 Khan, Alam et al. (2009): »Cinnamon improves glucose and lipids of people with type 2 diabetes«. *Diabetes Care*, 26 (12). S. 3215–3218

21 Palinski-Wade, Erin (2016): »Flour power: 5 options that are good for baking and diabetes«. OnTrack Diabetes

22 Synan, Mariel (2013): »Cinnamon's spicy history«. History.com

23 MasterClass (2019): »What is cinnamon? How to cook with cinnamon spice«

24 Kawatra, Pallavi; Rajagopalan, Rathai (2015): »Cinnamon: Mystic powers of a minute ingredient«. *Pharmacognosy Research*, 7 (5). S. 1

25 Singletary, Keith (2019): »Cinnamon«. *Nutrition Today*, 54 (1). S. 42–52

26 GEN (Genetic Engineering & Biotechnology News) (2016): »Cinnamon intake may improve memory«

27 Grimaldi, Julia (2014): »History of pickling«. Mass Great Outdoors Blog

28 Nabavi et al. (2015): »Antibacterial effects of cinnamon: From farm to food, cosmetic and pharmaceutical industries«. *Nutrients*, 7 (9). S. 7729–7748

29 EricT CulinaryLore (2016): »What does infusion mean in cooking?«. CulinaryLore

30 Hernandez-Reif, Maria et al. (2004): »Breast cancer patients have improved immune and neuroendocrine functions following massage therapy«. *Journal of Psychosomatic Research*, 57 (1). S. 45–52

31 Cedars-Sinai (2010): »Adults demonstrate modified immune response after receiving massage«. Cedars-Sinai Researchers Show

32 Badalzadeh, Reza et al. (2014): »The effect of cinnamon extract and long-term aerobic training on heart function, biochemical alterations and lipid profile following exhaustive exercise in male rats«. *Advanced Pharmaceutical Bulletin*, 4 (6). S. 515–520

33 Julianti, Elin; Rajah, Kasturi K.; Findrianny, Irda (2017): »Antibacterial activity of ethanolic extract of cinnamon bark, honey, and their combination effects against acne-causing bacteria«. *Scientia Pharmaceutica*, 85 (2). S. 19

34 Thacker, Emily (2012): The Cinnamon Book. Hartville, OH: James Direct Inc.

35 Fabbrocini, Gabriella; Cacciapuoti, Sara und Monfrecola, Giuseppe (2018): »A qualitative investigation of the impact of acne on health-related quality of life (hrql): Development of a conceptual model«. *Dermatology and Therapy*, 8 (1). S. 85–99

36 American Academy of Dermatology: »Acne: Who gets and causes«

37 ebd.

38 Tash: »The complete list of comedogenic oils«. Holistic Health Herbalist

39 Orange, Karim (2016): »Anti-aging part one: The importance of collagen«. HuffPost

40 Takasao, Naoko et al. (2012): »Cinnamon extract promotes type I collagen biosynthesis via activation of IGF-I signaling in human dermal fibroblasts«. *Journal of Agricultural and Food Chemistry*, 60 (5). S. 1193–1200

41 Ebd.

42 Gaynor, Emily; Kellogg, Kristi (2020): »How to lighten hair naturally: 7 tips for lighter hair«. Teen Vogue

43 National Alopecia Areata Foundation: »What you need to know about alopecia areata«

44 Wen, Tung-Chou et al. (2018): »Effect of Cinnamomum osmophloeum kanehira leaf aqueous extract on dermal papilla cell proliferation and hair growth«. *Cell Transplantation*, 27 (2). S. 256–263

45 Levine, Hallie (2016): »What actually happens to your hair as you get older«. Prevention

46 Trueb, Ralph M.; Rezende, Hudson Dutra; Gavazzoni Dias, Maria Fernanda Reis (2018), »A comment on the science of hair aging«. *International Journal of Trichology*, 10 (6). S. 245–254

47 Indriana, Laura; Pangkahila, Wimpie; Aman, I. Gusti Made (2018): »Topical application of cinnamon (cinnamomum burmanii) essential oil has the same effectiveness as minoxidil in increasing hair length and diameter size of hair follicles in male white Wistar rats (rattus norvegicus)«. *Indonesian Journal of Anti-Aging Medicine*, 2 (1). S. 13–16

48 Devine, Catherine (2013): »Just the facts: Cinnamon oil for hair loss«. Allure

49 National Museum of American History: »Minipoo dry shampoo«

50 Nuñez, Alanna (2017): »9 things you don't know about using dry shampoo«. Reader's Digest

51 American Society of Plastic Surgeons (2018): 2018 Plastic Surgery Statistics Reportstatistics-full-report-2018.pdf

52 Ruggeri, Christine (2018): »Cassia oil improves circulation, arthritis & depression«. Dr. Axe

53 Kawatra, Pallavi; Rajagopalan Rathai (2015): »Cinnamon: Mystic powers of a minute ingredient«. *Pharmacognosy Research*, 7 (5). S. 1

54 American Osteopathic College of dermatology (AOCD):»Dry Skin«

55 Burlando, Bruno; Cornara, Laura (2013): »Honey in dermatology and skin care: A review«. *Journal of Cosmetic Dermatology*, 12 (4). S. 306–313

56 Little, Becky (2016): »Arsenic pills and lead foundation: The history of toxic makeup«. National Geographic

57 Kilkeary, Alanna Martine (2018): »Beauty PI: The surprising (and kind of ugly) history of foundation«. Makeup.com

58 Centers for Disease Control and Prevention (2013): »Skin exposures and effects«

59 Shunatona, Brooke (2020): »How to contour and highlight for your face shape«. Cosmopolitan

60 Health Agenda Magazine (2017): »The importance of oral health: Dental hygiene isn't just about teeth, good oral health can also help prevent a number of diseases«

61 Connelly, Thomas P. (2011): »The history of toothpaste: From 5000 BC to the present«. HuffPost

62 Ciancio, Sebastian G. (2017): »Baking soda dentifrices and oral health«. *Journal of the American Dental Association*, 148 (11)

63 Marturana Winderl, Amy (2016): »The thing every woman gets wrong about cellulite«. SELF

64 Malacoff, Julia: »Everything you ever wanted to know about cellulite«. Shape

65 American Academy of Dermatology: »Cellulite treatments: What really works?«

66 Houk, Ashley: »The benefits of dry brushing«. Mother Earth Living

67 Chia, Jessica (2016): »Can caffeine really help reduce cellulite?«. Women's Health

68 Epsom Salt Council: »Uses and benefits of Epsom salt«

69 Soap History: »History of soap and soap interesting facts«

70 Rosenstein, Jenna (2017): »Are bath bombs actually good for your skin?«. Allure

71 Manning-Schaffel, Vivian (2019): »How to heal dry, cracked heels, according to dermatologists«. BETTER by TODAY

72 »Harmful effects of ultraviolet radiation. Council on Scientific Affairs«. *The Journal of the American Medical Association* 1989, 262 (3). S. 380–384. Skin Cancer Foundation (2019):»Tanning & your skin«

73 Atta, A.H.; Alkofahi, A. (1998): »Anti-nociceptive and anti-inflammatory effects of some Jordanian medicinal plant extracts«. *Journal of Ethnopharmacology*, 60 (2). S. 117–124

74 Morokutti-Kurz, Martina; Graf, Christine; Prieschl-Grassauer, Eva (2017): »Amylmetacresol/2,4-dichlorobenzyl alcohol, hexylresorcinol, or carrageenan lozenges as active treatments for sore throat«. *International Journal of General Medicine*, 10. S. 53–60

75 Deb Mandal, Manisha; Mandal, Shyamapada (2011): »Honey: its medicinal property and antibacterial activity«. *Asian Pacific Journal of Tropical Biomedicine*, 1 (2). S. 154–160

76 Nabavi, Seyed Fazel et al. (2015): »Antibacterial effects of cinnamon: From farm to food, cosmetic and pharmaceutical industries«. *Nutrients, 7* (9). S. 7729–7748

77 Vattem, D. A. et al. (2013): »Dietary supplementation with two Lamiaceae herbs-(oregano and sage) modulates innate immunity parameters« in *Lumbric us terrestris*«. *Pharmacognosy Research*, 5 (1). S. 1–9

78 CESAR: »Dextromethorphan (DXM)«

79 Samarghandian, Saeed; Farhondeh, Tahereh; Samini, Fariborz (2017): »Honey and health: A review of recent clinical research«. *Pharmacognosy Research*, 9 (2). S. 121–127

80 UPMC HealthBeat (2014):»Why do we eat chicken noodle soup when we are sick?«. https://share.upmc.com/2014/02/chicken-noodle-soup-when-sick

81 Dou, Lei et al. (2018): »The effect of cinnamon on polycystic ovary syndrome in a mouse model«. *Reproductive Biology and Endocrinology*, 16 (1). https://doi.org/10.1186/s12958–018–0418-y

82 National Institute of Allergy and Infectious Diseases (2013): »Overview of the immune system«. https://www.niaid.nih.gov/research/immune-system-overview

83 American Dental Association (2019): »Mouthwash (mouthrinse)«

84 Ciancio, Sebastian G. (2017): »Baking soda dentifrices and oral health«. *Journal of the American Dental Association*, 148 (11)

85 Shanbhag, Vagish Kumar L. (2017): »Oil pulling for maintaining oral hygiene – A review«. *Journal of Traditional and Complementary Medicine*, 7 (1). S. 106–109

86 Kakoei, Shahla et al. (2013): »Prevalence of toothache and associated factors: A population-based study in southeast iran«. *Iranian Endodontic Journal*, 8 (3). S. 123–128. PMID: 23922574

87 Cleveland Clinic (2020): »Toothache«. https://my.clevelandclinic.org/health/diseases/10957-toothache

88 Nurmalasari, D. L.; Damiyanti, M.; Eriwati, Y. K. (2018); »Effect of cinnamon extract solution on human tooth enamel surface roughness«. *Journal of Physics: Conference Series*, 1073 (3). S. 0320222. https://doi.org/10.1088/1742–6596/1073/3/032022

89 Villa, Alessandro (2019): »Bad breath: What causes it and what to do about it«. Harvard Health

90 DaVita. »Definition and symptoms of chronic kidney disease«. https://international.davita.com/pl/en/patient-resources/kidney-disease-education/symptoms-and-diagnoses/10067

91 InformedHealth.org, (2018): »Athlete's foot: Overview«

92 National Eczema Association: »What is eczema?«. https://nationaleczema.org/eczema

93 National Eczema Associationa: »Eczema causes and triggers«. https://nationaleczema.org/eczema/causes-and-triggers-of-eczema

94 Katta, Rajani; Schlichte, Megan (2014): »Diet and dermatitis: Food triggers«. *Journal of Clinical and Aesthetic Dermatology*, 7 (3). S. 30–36. PMID: 24688624

95 Advanced Tissue (2016): »Researchers Improve Wound Healing with Cinnamon Treatment«. https://advancedtissue.com/2016/06/researchers-improve-wound-healing-with-cinnamon-treatment

96 American Chemical Society (2015): »Peppermint oil and cinnamon could help treat and heal chronic wounds«

97 Siddiqua, S. et al. (2014): »Antibacterial activity of cinnamaldehyde and clove oil: effect on selected foodborne pathogens

in model food systems and watermelon juice«. *Journal of Food Science and Technology*, 52 (9). S. 5834–5841. https://doi.org/10.1007/s13197–014–1642-x

98 Molan, Peter; Rhodes, Tanya (2015): »Honey: A Biologic Wound Dressing«. *Wounds*, 27 (6). S. 141–151. »Researchers Improve Wound Healing with Cinnamon Treatment«

99 Feldman, Jolene; Barshi, Immanuel (2007): »The effects of blood glucose levels on cognitive performance: A review of the literature«. NASA (National Aeronautics and Space Administration)

100 U.S. Department of Veterans Affairs (2016): »Cinnamon may be fragrant medicine for the brain«

101 Axe, Josh: »5 signs you're suffering from candida overgrowth—and what you can do about it«. U.S. News & World Report

102 Centers for Disease Control and Prevention (2019):»Vaginal candidiasis«

103 Dana-Farber Cancer Institute (2019): »Which countries have the highest and lowest cancer rates? [Updated 2019]«

104 Kwon, Ho-Keun et al. (2009): »Cinnamon extract suppresses tumor progression by modulating angiogenesis and the effector function of CD8+ T cells«. *Cancer Letters*, 278 (2). S. 174–182

105 Anson, Pat (2015): »Is cinnamon a safer pain reliever?«. Pain News Network. https://www.painnewsnetwork.org/stories/2015/7/13/is-cinnamon-a-safer-pain-reliever

106 Latthe, Pallavi; Champaneria, Rita; Khan, Khalid (2012): »Dysmenorrhea«. *American Family Physician*, 85 (4). S. 386–387. https://www.aafp.org/afp/2012/0215/p386.html

107 Jaafarpour, Molouk et al.: »Effect of cinnamon on menstrual bleeding and systemic symptoms with primary dysmenorrhea«. *Iran Red Crescent Medical Journal*, 17 (4). S. e59647

108 Jaafarpour, Molouk et al. (2015): »Comparative effect of cinnamon and ibuprofen for treatment of primary dysmenorrhea: A randomized double-blind clinical trial«. *Journal of Clinical and Diagnostic Research*, 9 (4). S. QC04-QC07. https://doi.org/10.7860/jcdr/2015/12084.5783

109 Centers for Disease Control and Prevention, (2020):»PCOS (polycystic ovary syndrome) and diabetes«. https://www.cdc.gov/diabetes/basics/pcos.html

110 Ou, Jian Zhen et al. (2016): »Potential of *in vivo* real-time gastric gas profiling: a pilot evaluation of heat-stress and modulating dietary cinnamon effect in an animal model«. *Scientific Reports*, 6 (33387)

111 Kawatra, Pallavi; Rajagopalan, Rathai (2015): »Cinnamon: Mystic powers of a minute ingredient«. *Pharmacognosy Research*, 7 (5). S. 1; Mariel Synan (2013): »Cinnamon's spicy history«. History.com

112 Muchene, Esther: »6 natural home remedies for passing gas«. Eve. https://www.standardmedia.co.ke/evewoman/article/2001265490/6-natural-home-remedies-for-passing-gas

113 Brown, Jessica (2019): »What we do and don't know about gut health«. BBC Future. https://www.bbc.com/future/article/20190121-what-we-do-and-dont.know-about-gut-health

114 Lewin, Jo (2019): »The health benefits of cinnamon«. BBC Good Food. https://www.bbcgoodfood.com/howto/guide/health-benefits-cinnamon

115 Teitelnaum, Steven L. (2007): »Osteoclasts: What do they do and how do they do it?«. *American Journal of Pathology*, 170 (2). S. 427–435. https://doi.org/10.2353/ajpath.2007.060834

116 Singh, Prashant; Yoon, Sonia S.; Kuo, Braden (2015): »Nausea: a review of pathophysiology and therapeutics«. *Therapeutic Advances in Gastroenterology,* 9 (1). S. 98–121. https://doi.org/10.1177/1756283 × 15618131

117 Saini, Anu (2016): »Evidence-based home remedies for nausea«. Ayur Timess. https://www.ayurtimes.com/nausea-home-remedies

118 Mustian, Karen et al. (2011): »Treatment of nausea and vomiting during chemotherapy«. *US Oncology & Hematology*, 7 (2). S. 91–97. https://doi.org/10.17925/ohr.2011.07.2.91

119 Centers for Disease Control and Prevention (2020): »Heart Disease Facts«. https://www.cdc.gov/heartdisease/facts.htm

120 American Heart Association (2017): »HDL (Good), LDL (Bad) cholesterol and triglycerides«; »Could too much good hdl cholesterol be bad for your heart?«. South Lake

121 Harvard Health (2009): »11 foods that lower cholesterol«. https://www.health.harvard.edu/heart-health/11-foods-that-lower-cholesterol

122 Good Housekeeping (2014): »Why you should have a daily dose of cinnamon«. https://www.goodhousekeeping.com/health/diet-nutrition/a19907/cinnamon-benefits

123 American Diabetes Association: »Statistics about diabetes«. https://www.diabetes.org/resources/statistics/statistics-about-diabetes

124 Khan, Alam Khan et al. (2003): »Cinnamon improves glucose and lipids of people with type 2 diabetes«. *Diabetes Care*, 26 (12). S. 3215–3218. https://doi.org/10.2337/diacare.26.12.3215

125 Kent, Joan (2020): »How to handle sugar cravings and recover from sugar addiction«. The DiabetesCouncil.com

126 Centers for Disease Control and Prevention (2020): »Cholesterol«. https://www.cdc.gov/cholesterol/index.htm

127 University of California, San Francisco: »Your blood lipids«

128 Khan: »Cinnamon improves glucose and lipids of people with type 2 diabetes«

129 Allen, Robert W. et al. (2013): »Cinnamon use in type 2 diabetes: An updated systematic review and meta-analysis«. *Annals of Family Medicine*, 11 (5). S. 452–459. https://doi.org/10.1370/afm.1517

130 Fadaei, Shahla; Asle-Rousta, Masoomeh (2018): »Anxiolytic and antidepressant effects of cinnamon (Cinnamomum verum) extract in rats receiving lead acetate«. *Scientific Journal of Kurdistan University of Medical Sciences*, 22 (6). S. 31–39. https://doi.org/10.22102/22.6.31

131 Kay, Isa (2019): »Is your mood disorder a symptom of unstable blood sugar?«. University of Michigan, School of Public Health

132 Borchard, Therese (2016): »10 fall foods to boost your mood«. EverydayHealth. https://www.everydayhealth.com/columns/therese-borchard-sanity-break/10-fall-foods-to-boost-your-mood

133 World Health Organisation. »Dementia«. https://www.who.int/news-room/fact-sheets/detail/dementia Zugegriffen am 15.03.2023

134 Brown, Rebecca C.; Lockwood, Alan H.; Sonawande, Babasaheb R. (2005): »Neurodegenerative diseases: An overview of environmental risk factors«. *Environmental Health Perspectives,* 113 (9). S. 1250–1256. https://doi.org/10.1289/ehp.7567

135 ebd.

136 National Institute on Aging (2017): »What happens to the brain in Alzheimer's disease?«. https://www.nia.nih.gov/health/what-happens-brain-alzheimers-disease

137 Peterson, Dylan W. et al. (2009): »Cinnamon extract inhibits tau aggregation associated with Alzheimer's disease in vitro«. *Journal of Alzheimer's Disease*, 17 (3). S. 585–5973. https://doi.org/10.3233/jad-2009–1083

138 NHS (2019): »Causes: Parkinson's disease«. https://www.nhs.uk/conditions/parkinsons-disease/causes/

139 Naidoo, Uma (2018): »Gut feelings: How food affects your mood«. Harvard Health

140 Goswani, Sumanta Kumar et al. (2013): »Efficacy of Cinnamomum cassia Blume in age induced sexual dysfunction of rats«. *Journal of Young Pharmacists*, 5 (4). S. 148–153. https://doi.org/10.1016/j.jyp.2013.11.001

141 Arthritis Foundation: »What Is Arthritis?«. https://www.arthritis.org/health-wellness/about-arthritis/understanding-arthritis/what-is-arthritis

142 Tsuji-Naito, Kentaro (2008): »Aldehydic components of cinnamon bark extract suppresses RANKL-induced osteoclastogenesis through NFATc1 downregulation«. *Bioorganic & Medicinal Chemistry*, 16 (20). S. 9176–9183. https://doi.org/10.1016/j.bmc.2008.09.036

143 Roa, Pasupuleti Visweswara und Gan, Siew Hua (2014): »Cinnamon: a multifaceted medicinal plant«. *Evidence-based complementary and alternative medicine*. S. 1–12. https://doi.org/10.1155/2014/642942

144 Rush University Medical Center (2014): »Cinnamon may be used to halt progression of Parkinson's disease, study suggests«. ScienceDaily

145 National Osteoporosis Foundation: »What is osteoporosis and what causes it?«. https://www.nof.org/patients/what-is-osteoporosis

146 Osteoporosis-Studies (2013): »Cinnamon inhibits osteoclasts in vitro«. http://osteoporosis-studies.com/category/supplements/cinnamon

147 Jaafarpour, Molouk et al. (2015): »The effect of cinnamon on menstrual bleeding and systemic symptoms with primary dysmenorrhea«. *Iranian Red Crescent Medical Journal*, 17 (4). S. e59647. https://doi.org/10.5812/ircmj.17(4)2015.27032

148 Scriven, Amber (2020): »7 Herbal remedies that can help relieve a stiff neck, according to an herbalist & acupuncturist«. Mindbodygreen

149 Narayanan, A. et al. (2017): »Oral supplementation of trans-cinnamaldehyde reduces uropathogenic Escherichia coli colonization in a mouse model«. *Letters in Applied Microbiology*, 64 (3). S. 192–197. https://doi.org/10.1111/lam.12713

150 Urology Care Foundation (2019): »What is a urinary tract infection (UTI) in adults?«. https://www.urologyhealth.org/urologic-conditions/urinary-tract-infections-in-adults

151 Narayanan. »Oral supplementation of trans-cinnamaldehyde reduces uropathogenic *Escherichia coli* colonization in a mouse model«

152 Urology Care Foundation: »What is a urinary tract infection (UTI) in adults?«

153 Zelman, Kathleen M.: »The Grapefruit Diet«. https://www.medicinenet.com/the_grapefruit_diet/views.htm

154 Fujioka, Ken et al. (2006): »The effects of grapefruit on weight and insulin resistance: Relationship to the metabolic syndrome«. *Journal of Medicinal Food*, 9 (1). S. 49–54. https://doi.org/10.1089/jmf.2006.9.49

155 Wilmovsky, Brian (2006): Dream Health: How to live a balanced and healthy life in an unbalanced world. Lake Mary, FL: Siloam

156 Cederquist, Caroline J. (2015): »Insulin resistance: The real reason why you aren't losing weight«. HuffPost

157 Jiang, Juan et al. (2017): »Cinnamaldehyde induces fat cell-autonomous thermogenesis and metabolic reprogramming«. *Metabolism*, 77. S. 58–64. https://doi.org/10.1016/j.metabol.2017.08.006

158 Wiss, David A.; Avena, Nicole; Rada, Pedro (2018): »Sugar addiction: From evolution to revolution«. *Frontiers in Psychiatry*, 9. https://doi.org/10.3389/fpsyt.2018.00545

159 Anderson, Richard A.(2008): »Chromium and polyphenols from cinnamon improve insulin sensitivity: Plenary lecture«. *Proceedings of the Nutrition Society*, 67 (1). S. 48–53. https://doi.org/10.1017/s0029665108006010

160 Moll, Jennifer (2020): »Can taking cinnamon lower your cholesterol?«. Verywell Health. https://www.verywellhealth.com/can-cinnamon-lower-cholesterol-698109

161 U.S. Food & Drug Administration (2020): »FDA advises patients on use of non-steroidal anti-inflammatory drugs (NSAIDs) for COVID-19«

162 Roth-Walter, Franziska et al. (2014): »Immune suppressive effect of cinnamaldehyde due to inhibition of proliferation and induction of apoptosis in immune cells: Implications in cancer«. *PLOS ONE*, 9 (10). https://doi.org/10.1371/journal.pone.0108402

163 Cox, F. E. G. (2002): »History of human parasitology«. *Clinical Microbiology Reviews*, 15 (4). S. 595–612. https://doi.org/10.1128/cmr.15.4.595–612.2002

164 Palmer-Young, Evan C. et al. (2018): »Effects of the floral phytochemical eugenol on parasite evolution and bumble bee infection and preference«. *Scientifc Reports*, 8 (1). S. 2074. https://www.nature.com/articles1

165 Mandal, Mandal. »Honey: its medicinal property and antibacterial activity«

166 Benedict, Kaitlin et al. (2019): »Estimation of direct healthcare costs of fungal diseases in the United States«. *Clinical Infectious Diseases*, 68 (11). S. 1791–1797. https://doi.org/10.1093/cid/ciy776

167 Yoon, Mi-Young; Cha, Byeongjin; Kim, Jin-Cheol (2013): »Recent trends in studies on botanical fungicides in agriculture«. *Plant Pathology Journal*, 29 (1). S. 1–9. https://doi.org/10.5423/ppj.rw.05.2012.0072

168 Growing Organic: »Using cinnamon in the garden«. https://growingorganic.com/diy-guide/using-cinnamon-in-the-garden

169 Iannotti, Marie Iannotti (2020): »Damping of disease of seedlings«. The Spruce

170 Kowalska, Jolanta et al. (2019): »Cinnamon powder: an in vitro and in vivo evaluation of antifungal and plant growth promoting activity«. *European Journal of Plant Pathology*, 156 (1). S. 237–243. https://doi.org/10.1007/s10658–019–01882–0

171 VanZile, Jon (2020): »How to use powdered rooting hormone: Propagating your plants from cuttings«. The Spruce

172 Society for Neuroscience (2018): »Controlling fire ants with natural compounds«. ScienceDaily

173 Centers for Disease Control and Prevention (2016): »Mosquito-borne diseases«

174 Thomas, Adelina et al. (2017): »Evaluation of active ingredients and larvicidal activity of clove and cinnamon essential oils against Anopheles gambiae (sensu lato)«. *Parasites & Vectors*, 10 (1). https://doi.org/10.1186/s13071–017–2355–6

175 Stewart, Martha: »All-natural room spray«. https://www.marthastewart.com/1526211/natural-room-spray-with-essential-oils

176 National Candle Association: »History«. https://candles.org/history

177 Blume, Christine; Garbazza, Corrado; Spitschan, Manuel (2019): »Effects of light on human circadian rhythms, sleep and mood«. *Somnologie,* 23 (3): S. 147–156. https://doi.org/10.1007/s11818–019–00215-x

178 Holmes, Lindsay (2014): »11 scents that can do wonders for your well-being«. HuffPost. https://www.hu«post.com/entry/scents-and-wellbeing_n_5193609

179 BH&G Editors, »How to Clean Almost Every Surface of Your Home With Vinegar« *Better Homes & Gardens*, M10.

März 2020. https://www.bhg.com/homekeeping/house-cleaning/tips/cleaning-with-vinegar

180 Zhang, Yunbin et al. (2016): »Antibacterial activity and mechanism of cinnamon essential oil against Escherichia coli and Staphylococcus aureus«, *Food Control* 59 (Januar 2016). 282–289

181 Carwise (2018): »How to make your car smell great again«. https://www.carwise.com/blog/2018/06/12/how-to-make-your-car-smell-great-again

182 Klahre, Ayn-Monique (2017): »How to deodorize your carpet naturally with baking soda«. Kitchn. https://www.thekitchn.com/how-to-deodorize-your-carpet-naturally-with-baking-soda-252554

183 Keville, Kathy: »Aromatherapy: Cinnamon«. HowStuffWorks

184 Terminix: »Why do mosquitoes bite me so much?«. https://www.terminix.com/blog/education/why-mosquitoes-bite-me-so-much

185 Brink, Susan (2018): »A guide to mosquito repellents, from DEET to . . . Gin and Tonic?«. NPR

186 American Chemical Society (2004): »Cinnamon oil kills mosquitoes«. ScienceDaily

187 Potter, Michael F.: »Clothes moths«. Entomology at the University of Kentucky. https://entomology.ca.uky.edu/ef609

188 National Pesticide Information Center (2017): »Health effects of mothballs«

189 Pest Republic (2019): »How to get rid of moths naturally«. Pest Republic. https://pestrepublic.com/how-to-get-rid-of-moths-naturally

190 Heid, Markham (2017): »The creepy truth about humidifiers«. Time. https://time.com/4685972/humidifier-disinfectants-bacteria-water

191 Steinemann, Anne (2017): »Ten questions concerning air fresheners and indoor built environments«. *Building and Environment*, 111. S. 279–284

192 Gregory, F. Gayle: »Potpourri«. Grower Direct. https://www.growerdirect.com/potpourri

193 Nabavi, Seyed Fazel et al. (2015): »Antibacterial effects of cinnamon: From farm to food, cosmetic and pharmaceutical industries«. *Nutrients,* 7 (9). S. 7729–7748. https://doi.org/10.3390/nu7095359

194 Spring Wolf: »The history of the broom«. http://www.paganspath.com/magik/broom.htm

195 Road Runner Sports: »Fed up with smelly shoes? 5 steps to fight the funk once and for all«. https://www.roadrunnersports.com/blog/smelly-shoes

196 Nabavi. »Antibacterial effects of cinnamon: From farm to food, cosmetic and pharmaceutical industries«

Register

Rezepte und DIYs